追寻教育的梦想

傅　京◎著

安徽师范大学出版社
ANHUI NORMAL UNIVERSITY PRESS
· 芜湖 ·

图书在版编目(CIP)数据

追寻教育的梦想 / 傅京著. — 芜湖 : 安徽师范大学出版社, 2021.1
ISBN 978-7-5676-4905-7

Ⅰ. ①追… Ⅱ. ①傅… Ⅲ. ①中小学教育—教学管理 Ⅳ. ①G63

中国版本图书馆CIP数据核字(2020)第264001号

追寻教育的梦想 傅京◎著
ZHUIXUN JIAOYU DE MENGXIANG

策划编辑：吴毛顺 孔令清
责任编辑：孔令清 责任校对：吴毛顺
装帧设计：张 玲 责任印制：桑国磊
出版发行：安徽师范大学出版社
安徽省芜湖市北京东路1号安徽师范大学赭山校区
网 址：http://www.ahnupress.com/
发 行 部：0553-3883578 5910327 5910310(传真)
印 刷：安徽芜湖新华印务有限责任公司
版 次：2021年1月第1版
印 次：2021年1月第1次印刷
规 格：700 mm × 1000 mm 1/16
印 张：15.25
字 数：200千字
书 号：ISBN 978-7-5676-4905-7
定 价：55.00元

追寻教育的梦想就是追求幸福的教育人生。

序

聆听花开的声音

海德格尔说："以什么为职业，在根本意义上，就是以什么为生命意义之寄托。"合肥市瑶海区教研室主任傅京的随笔集《追寻教育的梦想》，以教育者的思考和感悟，分享自己对教书育人、教学研究、学习生活的点滴见解和真知灼见，并将追寻理想的教育作为自己一生意义之寄托。

做教育的有心人，直接地表现为持续的学习、韧性的坚守。傅老师用二十年如一日的丰富阅历为我们呈现了一个爱教育、真情怀、大人生的教育梦和教育路！"不做教书匠，用心去育人""不停止反思，用心去成长""不忘却学习，用心去体悟""不抵触研究，用心去探索""不怠慢生活，用心去感受"，书中的五个篇章将"教、学、研、思、行"融为一体，相得益彰。语言能够打动人心，这是一个教育人的自我警醒！

诗人纪伯伦说："我们走得太远，以至于忘了当初为什么要出发。"看着孩子们日渐沉重的书包，面对纷繁复杂的外在喧嚣，我们常常思考：什么才是教育的基本目标？我们究竟要去哪里？如何才能回归教育的本真？教育需要返璞归真，需要培育有灵魂的人。教育在任何时候都需要以成人为目的，以促进个体人格的发展为出发点，避免出现知识的高人却是人格的矮子之反面效应。在傅老师的文字中，我们可以发现教育关乎的是人的尊严和幸福，给人的是生命的温暖关怀，着眼于个体精神的成长。

接下来的问题就是教育究竟怎么做？教育乃是聆听花开的声音，这个过程，既需要尊重、关爱和鼓励，也需要倾听、对话和守望。教育要让孩子成为孩子，基于儿童的本性，培养大写的人。教育是一种公共的爱，我们要开启想象世界的空间，给孩子们成长的引领。好的教师要有儿童意识，回到儿童视角，契合儿童的天性。好的课堂要师生浸入，融为一体。好的人生离不开有尊严的生活，这种生活从细小的学校教育经历开始。

教育的根本在于教师，教师即研究者。人的创造性和教师拥有的丰富的研究机会，成为教师作为行动研究者的实践依据。波斯纳提出教师的成长公式是：经验+反思=教师成长。傅老师在自己的书写中，为我们展现了一个教育工作者的心路历程。对教师而言，“成长”是永恒的话题，在工作中积累经验，在阅读中吸收营养，博观而约取，厚积而薄发。在这一过程中，我们需要不断重新定义自己的职业身份，找到自己工作和活着的意义。

教育是农业不是工业。学生是一粒种子，教育就是要给予他们温暖的土壤，合适的养分、温度和水分，让他们自由自在地生长。今天，我们的教育需要的不是抱怨而是身体力行去改变。

追寻教育的梦想，就是不断求真、向善和尚美的探索。追寻教育的梦想，就是不停学习、思考和实践的嬗变。追寻教育的梦想，就是不懈追求、改进和创新的超越。不能说傅老师已经走得很远，但他已经在追寻教育梦想的路上！

刘铁芳

湖南师范大学教育学院院长、教授

写在前面

做一个幸福的教研人

科室新进一位同事，二十年前大家曾在同一所中学任教，而且还一起搭过班。这次因为工作需要，他调整到教研室担任数学教研员。

有一天，他和我交流如何才能做好教研工作，顿时勾起了我对往日的回忆。坦白地说，做好一件事，首先要有热情，对自己的工作感兴趣。莎士比亚说："学问必须合乎自己的兴趣，方才可以得益。"一个人对某件事，有了真正的兴趣，等于成功了一半。

这本教育随笔集是我过去二十年来教研生活的结晶。因为真心喜欢做这件事，所以平时虽然工作繁忙，但我并没感到辛苦，相反觉得很快乐。人生就是习惯的总和，好习惯决定好人生。从2001年担任区英语教研员起，就开始零零星星书写对教育和教研的感悟和思考。2005年暑期，担任区教研室副主任，在局领导关心和支持下，我们创建了安徽省第一家区级教研网，意在鼓励教师依托网络平台，积极撰写教研博客。一时间，全区上下掀起一股撰写教育博文的热潮。其实，今天这本书上的许多文章都是这些年撰写博文的沉淀。慢慢地，我尝试着去投稿，时常也有收获，却是意外的惊喜。在记忆里，《关于新课程改革的几点思考》是教育博文里发表的第一篇，记得那天有朋友读到《合肥晚报》教育视线栏目上我的文章时，还特意打来电话报喜。朋友的关心令我印象深刻，于是更加坚定了我继续写下去的决心。

庄子说："水之积也不厚，则其负大舟也无力。风之积也不厚，则其负大翼也无力。"教研的过程，其实就是一个学习和嬗变的过程。一个优秀的教研人员应该是多种能力的复合体。学习能力是先决条件，自己不学习，嚷嚷着让别人去学习，如何以理服人，岂不贻笑大方？学习能力是业务水平的压舱石，学然后知不足。看到一则小故事、读完一本书、参加一次培训、开展一次活动后的思考等，都是下笔前的好素材。书中《被喂饱的熊是死熊》《关注大写的人》等文章大都属于此类，有感而发，即兴而为。写文章的目的性不要太强，不要为了写而写，自然地输出最好。学习的渠道有很多，生活就是写作的源泉，观察生活是写作的前提，善于积累是必要条件，勤于思考是关键因素。那年盛夏，一只蝉飞到我家阳台的花盆边，欢快的畅鸣声吸引了我的注意，因此有了《蝉的启示》。这些随笔不仅仅包含我对教学教研工作的思考，其中还收录了少许电影观感、读书心得、旅游札记和人生感悟。

"人民教育家"于漪说："一辈子做教师，一辈子学做教师。"学着做教研，一辈子学做教研，做一个幸福的教研人，这是我与新同事的交流话题。教无止境，研无止境。有人说，教研员是教师中的教师。教研员就是为学校、教师和学生的发展做好研究、指导和服务。经师易得，人师难求。经验是财富，也会是枷锁，好的经验可以推波助澜、水涨船高，不好的经验则会固化自己、桎梏不前。转变观念，唯有不断学习，才能吐故纳新、顶天立地。"顶天"，就是要了解前沿信息，做好顶层设计；"立地"，就是要深入课堂,剖析鲜活案例。

教研工作,归根结底,就是处理人与人之间关系的学问。除了拥有热情,不断学习之外,表达能力是中流砥柱,思维品质是重要保障。简单地说,就是有志趣、懂学习、爱思考、会表达,能把听会的做出来,做好的说出来,说好的写出来。

教育无难事,只怕有心人。在我们出发之前,怀揣一个小小梦想,并为之不懈努力,我相信,一定会有实现的那一天。

这些随笔是对过去那一段教研生涯的回眸和总结,有的文字成于赴外地出差的高铁和大巴车上,有的完于茶余饭后的闲暇休憩,常常是一气呵成,未经深思熟虑,恳请读者朋友包容指正。未曾想过今天能把这些文字结集成册,权且将上述一点点对教研工作的思考和体会作为这本小书的前言。

最后,将一首小诗送给大家,祝大家学思不怠,常做常新。

我把/希望的种子/装进/寄往春天的信封里

我把/美好的等待/送到/开往春天的地铁上

我把/明天的梦想/系在/飞往春天的风筝旁

有一天/种子会发芽

有一天/等待会绽放

有一天/梦想会成真

傅　京

2020年9月16日

目 录

辑一

不做教书匠　用心去育人

谁肯认真地工作，谁就能做出许多成绩，就能超群出众。

——恩格斯

做事，不只是人家要我做才做，而是人家没要我做也争着去做。这样，才做得有趣味，也就会有收获。

——谢觉哉

谁拿走了孩子们的"奶酪"?

作家柏杨老师在一篇文章中讲到下面这则故事,读后哑然失笑,扪心自问,又发人深省。

联合国给全世界的小朋友出了一道题:"关于其他国家粮食短缺的问题,请谈谈你自己的看法。"

非洲的小朋友看完题目后,不知道什么叫"粮食";

欧洲的小朋友不知道什么叫"短缺";

亚洲的小朋友不知道什么叫"自己的看法";

拉丁美洲的小朋友不知道什么叫"请";

美国的小朋友不知道什么叫"其他国家"。

(亚洲的小朋友主要是指中国文化培养出来的"华人小朋友"。)

钱学森先生曾问:"为什么我们的教育总是培养不出杰出人才?"是谁扼杀了孩子的精彩观念?美国知名学者、教育家爱莉诺·达克沃斯在《精彩观念的诞生》一书中发人深省地问道:"所有儿童在其一、二年级都有惊人的智力进步……为什么许多儿童的智力发展随后就慢下来了呢?在儿童的童年时代晚期,他们的好奇心和智慧究竟发生了什么?为什么继续拥有自己精彩观念的人如此之少?"到底是谁扼杀了孩子的精彩观念?最后她总结出:"这是由于成人的忽略或偏见、社会的习俗或禁忌阻止孩子们探索他们自己的观念，并使他们觉着他们没有自己的重要观念，仅有愚蠢的或罪恶的想法。”

孩子们“自己的看法”去哪儿了？是谁拿走了他们的“奶酪”？

笔者认为，传统的教育体制存在一定的制约作用。有专家说，我国传统的课堂教学曾深陷“四类教育学”之中。其一，把学生当作整齐划一的产品来加工，这种教学在将学生的身心加工成“标准件”的同时，制造了“工厂教育学”；其二，把学生当作存储知识、信息、技能、规范的容器来对待，这种教学在将学生制造成待价而沽的商品的同时，制造了“储蓄教育学”；其三，把学生当作带有“原罪”的人来提防、控制、管理，这种教学在将学生变成奴性人格的同时，制造了“监禁教育学”；其四，把学生当作以奖励做诱因、以惩罚做威胁来训练的对象，这种教学在泯灭人性、将学生日益“动物化”的同时，制造了“动物园教育学”。在这“四类教育学”中，学生被隐喻为“产品”“容器”“囚徒”，甚至“动物”。

从2001年开始，我国开始了第八次基础教育课程改革。新课程将促进学生的全面发展作为其出发点和归宿，并且倡导培养学生终身学习的能力。不可否认，新课改以来，我们的课堂已经发生了翻天覆地的变化，从“你讲我听、你写我记、你问我答”的“填鸭灌输式”向“自主式、合作式、探究式”的课堂转变，学生的发言机会多了，课堂变得灵动了，学生的创新精神、实践能力和合作意识较前有了明显的提高和长足的进步。譬如：江苏省洋思中学开展的以“先学后教、当堂训练”为核心的课堂改革，山东杜郎口中学尝试的以“预习、展现、反馈”为模块的自主学习模式改革，江苏东庐中学实施的以“讲学稿”为载体的教学模式研究等，这些学校都是在基于校情实际的基础上尝试课堂改革的成功典型，收到了很好的成效。

事实上，课堂的本质是倾听和对话，而课堂也是学生精彩观念诞生的地方。换句话说，学生的观念是教学的出发点和归宿。教学本质上是催生新观念的过程，而不是传递现成知识技能的过程。学生不是装知识技能的“袋子”，教师也不是“装袋人”。教学的首要任务是倾听学生的观念。这才是教学的智慧！教学当然并不局限于学生已有的观念。教学的根本目的是在倾听学生的基础上创造条件，让学生产生更精彩的观念。

要加强创新型人才的培养，这是国家和民族发展的动力。课程改革在风雨中走过了九年，我们确实取得了不少成绩，但客观言之，我国师生的生存状态依然不容乐观，教师的专业成长与学生的个性发展还有巨大的提升空间。虽然新课程倡导构建多元化的评价体系，强调评价主体的多元化和评价形式的多样化，以及采用形成性评价和终结性评价相结合的方式，而且在中高考中纳入“综合素质评价”以及在学校中建立“师生成长档案袋”等，但在某种意义上，考试仍是束缚教师手脚的法宝，“一考定终身”的局面还未能根本扭转。

教育就是让孩子过上幸福而有尊严的生活。要让每个孩子都能拥有健康快乐的生活，让每个孩子都能拥有自己的精彩观念，我们要做的事还很多。从国家层面上，首先，需要制度保障和观念引导。读书的目的是什么？读书是为了学习一种技能，从而更好地适应社会和发展。只有“千军万马不再过独木桥”，社会和家长才不会把“唯分是举”的压力强加给学校、教师和孩子。其次，改革评价方式，摸索并推广切实可行的评价标准，把创建多元化的评价体系落到实处。再次，更新教师观念，提升教师素养，提高课堂质量。对于学生而言，教师的素养和观念至关重要，教师新观念的诞生是学生不断诞生新观念的先决条件。因此，新课程呼唤教师要时时注意知识的积累和方法的更新，要做到“博观约取，厚积薄发”，教师的专业化成长是新课程成败的保证。此外，教学的根本不在于教师向学生讲了多少，而在于教师对学生理解了多少。课堂是学生展示自我的平台，只有创造机会让学生去言说和表现，教师才可能理解学生，学生也才可能理解教师，教师的讲授和其他教学行为也才有了可靠的基础。教师可以探索大班教学环境下如何更好地鼓励每一个孩子都能得到更好的发展，从而真正把"教师有特点、学生有特长、学校有特色"的文化内涵落到实处。

教育需要爱与尊重。我们希望孩子跑得快，但更要让孩子走得远。请不要拿走他们的"奶酪"，让每一个孩子都能拥有自己的精彩观念。

（本文原载于2010年11月22日《合肥晚报》，略有改动）

关注大写的人

有一个关于诗歌教学的著名实验，内容如下：

一位教师给高中学生出了一道题，问“诗是什么”。题目也许算不上新鲜，但答题的要求却极为有趣——必须先把一张白纸剪裁或折叠成某一特定样式后再发表自己的看法。学生的答案五花八门：有人将纸剪成两个“心”形，并解释说，诗必须由作者的心通往读者的心；有人将纸剪成螺旋形，并解释说，诗是心情的螺旋上升；有人将纸剪碎，说诗是从破碎的心中流出来的；更有甚者将纸原封不动地退回，说诗只能是写在上面自己才能解释的东西。

从实验结果看，诗歌在每个学生的心中是不同的，他们也认为诗歌的情感是多元的，在更多的时候要依靠个人的感觉去理解并加以内化。由此，可以得出如下的结论：在进行现代诗歌教学时，教师要尊重学生的主体地位，即尊重学生在读诗、理解诗的情感时的个人感觉，尊重学生对诗歌的独特理解和感受。

新课程改革的最大特点就是把培养大写的人落实在中国教育改革的核心文件中，即面向全体学生，注重个体差异，关注人的成长、体验和感受。教育承载着复兴中华民族的任务，承担着培养什么人以及如何培养人的使命。教师的职责是教书育人，“教”指向传授、指导、解惑和引领，“育”指向培养、感悟、内化和做人。这也就是我们常听到的“四个学会”：

学会学习，学会做事，学会做人，学会合作。诸如上述的诗歌教学案例，每个人心中对于诗歌的定义都是不一样的。诗是什么？没有一个一成不变的固定答案，关键是学习过程中的思考和感悟。

有时候我们在课堂中会发现这样一些现象：老师刚刚提出一个问题，学生还没有来得及思考，教师已经发问甚至开始告知答案了。抑或有个别学习好的学生能够回答，但大多数学生缺乏思考的过程。在开展小组活动时，教师只是把任务统一布置，然后进行汇报评估。小组内的分工以及组员的合作往往顾及较少，教师参与小组活动指导也较少，这就造成为了完成教学任务而由某些学习好的同学包办代替的现象，从而使合作失去了原有的意义。

成长比成功更重要！传统教育更多关注速度、结果和效率，往往忽视了体验、过程和质量。我们不能将所有的缘由都归咎于评价制度的桎梏，很多时候做一些尝试，在过程中做一些调整和变化，积累到一定阶段就会有意想不到的结果。温家宝总理在政府工作报告中曾经提出：要让每一个国人有尊严地活着。成年人都在追求提高自己的幸福指数，孩子们更需要快乐。尊重到他们的体验和感受，学习便不再枯燥乏味，校园便成了乐园。

“路”这个字很有意思：左边是“足”，右边是“各”。意思就是大家的脚踩在地上就成了路，鲁迅先生也说过类似的话。当老师时刻把学生装在胸中，当公仆时刻把老百姓放在心中，“人”字就是大写的！

（本文原载于2013年4月23日《新安晚报》，略有改动）

被喂饱的熊是死熊

偶然读到下面这则小故事，觉得很有意思，拿来和朋友们分享。

在加拿大山区驾车旅游时，经常看到路边竖着一块牌子，上面写着“A fed bear is a dead bear”，意思是“被喂饱的熊是死熊”。刚看到不太明白到底是什么意思，为什么熊被喂饱了反而是死熊了呢？就问同车的伙伴，伙伴说，过去很多人在路边看到熊都十分好奇，就从车里扔东西给熊吃，熊尝到了“甜头”后，就总是在路边等人施舍食物，慢慢地就失去了自己觅食的本领，到冬天没有人去喂它们食物时，有的熊就会被冻死或饿死。所以加拿大政府在路边竖了很多提醒人们的牌子，告诉大家，把熊喂饱了，实际上是把熊喂死了，所以有“A fed bear is a dead bear”。

为什么被喂饱的熊是死熊？乍听起来，逻辑上觉得不可思议。道理其实很简单。因为久而久之的依赖使他们失去了继续生存的本领和能力。想起亲戚家养的两只小鸟，每天定时送水喂食，叽叽喳喳地叫着，过着无忧无虑的生活。有一天，一只小鸟突然飞出鸟笼，停在阳台的栏杆上，自由的它开心不已。但没过多久它又“自投罗网”，回到笼中，因为那里有食物。据说把这种圈养的小鸟放归自然，它也很难适应大自然的生活，往往会因为觅食无果而死去。

从上述故事中反观我们的家庭教育，有很多值得反思的地方。父母爱孩子无可挑剔，但不能过分地溺爱。特别是现在，大多数家庭是独生子女，一个孩子便在不自觉中衍生出“饭来张口、衣来伸手”的习惯。这种习惯对孩子的性格、行为方式和未来成长都会产生很大的影响，也就是人们常说的“行为决定习惯，习惯决定性格，性格决定命运”。

曾经看到这样一则报道，作者是一位中国留学生。在澳大利亚布里斯班黄金海岸的沙滩上，一个两三岁的孩子迎着海风摇摇晃晃地行走，突然刮起一阵大风，孩子没有站稳，跌倒在沙滩上，满脸都是沙子。作者觉得不可思议，这是谁家的孩子，父母如此不负责任？回头望去，在十多米处，一对年轻的澳大利亚夫妇推着手推车正说笑着。正当作者要把孩子扶起时，孩子的父母走过来阻拦了他，说让他自己站起来。孩子努力了半天，终于站了起来，而孩子的父母一直站在旁边“无动于衷”。教育的本质就是促进每一个人的全面发展，让他们拥有幸福健康的生活。所谓全面发展，就是要培养孩子健全的人格，提高他们实际动手能力和独立思考能力，锻炼其独立生活的能力。我想，从源头上更新观念，就不会出现“A fed bear is a dead bear”了。

学校教育也是如此。很多时候我们过多担心学生听不懂，“吃不饱”，考不好。所以为了让他们尽快获取知识，提高成绩，“传授与讲解”似乎是最便捷的方式。但这种教育方式导致的结果是部分学生沦为学习和应试的工具，他们难以通过教育学会思考，学会创造。新课改以后，教育理念中更多引入了“交互式、探究式”的学习方式，教学效果发生了很大的变化。但在某种意义上说，评价方式还是制约教育发展的一个重要因素。牵一发而动全身，评价方式的改革需要国家的宏观指导、良好的社会氛围、家长的理解支持、学校的实践摸索等。

生活中很多时候你很难预想到一步是迈大了还是迈小了，但只要尝试着去改变，就是向前发展。

（本文原载于2012年6月27日《新安晚报》，略有改动）

管中窥豹话“育人”

听一场讲座，主讲人聊到这样一条见闻：不久前某地某校举办运动会，一群中学生穿着古装，男生站立作揖，女生单膝跪地，面向主席台高呼“祝校领导万岁、万岁、万万岁！”事后，面对新闻媒体质疑，学校领导感到很无辜，声称事先并不知情，是被学生“娱乐”了。学生当时穿的是民族服饰，要进行民族文化表演。表演的说法多少有些牵强，毕竟学校是育人的场所，学生不是演员。倘若是文艺汇演，是特定的节目需要，学生之间扮演皇上和臣子，那也无可厚非，可是学生面向学校领导，高呼万岁，确实不妥。校长不是皇帝，学生不是臣子，学校不是宫廷。说是玩笑，这玩笑未免有点大了，超出了底线。某种意义上说，这也反映出学校在德育工作上的缺失。

育人无小事！主讲人深入剖析了上述事件存在的问题，从一个侧面体现出学校育人工作的重要性和紧迫性。如果把教育比喻成一个大写的人，撇是“教”，捺是“育”。“教，上所施，下所效也”，就是说上面做示范，下面来模仿；“育，养子使作善也”，就是说培养后代多做好事。教育是农业不是工业，学生不是整齐划一的产品，而是像一粒种子，学校或教师要给他们提供适当的水分、养分和阳光，让他们自由自在地成长。

当下教育工作存在两个误区。很多时候，大家都以为育人是班主任的事情，与己无关。科任教师认为只需要教好自己的学科就可以了，领导认为有班主任在，孩子坐在班级认真学习就放心了，家长认为把孩子送进学校就万事大吉了。其实，在学校的每一个人，甚至一花一木都发挥着育人的功能。班主任自然承担起管理班级最主要的工作，各科任教师教学的同时也在育人，每一个学科课堂教学都承担着“情感、态度和价值观”的渗透和正确引领，而不仅仅是传授知识。党委、团委、少先队都承担着育人的责任，校领导更是学校育人工作的管理中枢，责无旁贷。有人说学校食堂的大厨也承担着育人的责任。譬如，大厨打饭的时候做得不公平，给熟悉的人多打一点，不熟悉的人少打一点，这就会导致矛盾，给学生内心留下不好的印象。所以，走进校园，每一个不起眼的细微之处都在育人。走出校门，学生品性如何，学校的“作用”显而易见。当然，对学生品格影响的还有家庭和社会，在这里不赘述。

另外一个误区是智育超越了德育、体育、美育和劳育，没有真正做到五育并举，而是“一家独大”。将理想照进现实的一个典型案例就是有些学生“品学兼优”，其实只是成绩“一枝独秀”。只要能考出好成绩就能“一美遮百丑”，有的学生成绩很优秀却不愿意帮助他人，不热爱劳动，甚至还不会系鞋带。这些学生算不算好学生呢？值得教育者深思。片面追求升学率，导致有些学校急功近利，一味抓成绩，学生天天忙着刷题、考试、上辅导班。如何建立正确的师生观和育人观，构建全面衡量学生综合发展的绿色生态评价体系显得尤为重要。严禁排名，减负增效，中高考改革试点都是实实在在的做法和有意义的尝试。源头是顶层设计，关键在于落实。一方面是就业保障，用人制度，高职分流；另一方面是学业评价和招生制度改革，不拘一格选拔人才，让学生的创新精神和实践能力真正得到体现。评价改革不能仅仅是科目上的调整和分值的升降，这些只是形式上的变化，意义不大，还要充分考虑学生的在校表现、行为习惯、研究性学习、社区服务和社会实践等综合素质评价的作用。

育人工作融汇在生活的点点滴滴的小事之中。我们在了解学校的育人主体是每一个教职员工后，还要知晓育人的方式。教育部颁布的《中小学德育工作指南》提出“课程育人、文化育人、实践育人、活动育人、管理育人、协同育人”六大实施途径，即德育工作的最高境界是“随风潜入夜，润物细无声”。正所谓教的目的是不教，育的目的是自育，我们要让学生在教师的言传和身教中学会自育。

曾经读过这样一则小故事。

犯罪学家凯琳发现：一间房子如果窗户破了，没有人去修补，过不久，其他的窗户也会莫名其妙地被人打破；一面墙上如果出现一些涂鸦没有被清洗掉，很快墙上就布满了乱七八糟、不堪入目的东西。在一个很干净的地方，人们会很不好意思扔垃圾，但是一旦地上有垃圾出现，人们就会毫不犹豫地随地乱扔垃圾，丝毫不觉得羞愧。这就是著名的“破窗效应”。

育人离不开环境，有文化的校园培养有品质的学生，因为人和环境之间是互动的，环境的好坏是人的行为体现。一所学校，有好的校园环境，就可能有好的文化特色，进而有文明的师生风景。

再回到文章开头的运动会见闻。其实，运动会就是一个窗口，我们可以从中管窥学校的育人状况。运动会上，各班级入场，同学们通过某些个性化方式来展现自己的青春风采，来表达自己对学习和生活的热爱，或是对远大志向的努力，这不是一件坏事，但要合情合理，体现正确的价值引领。

在某校运动会上，曾看到有个班级的学生入场时，男生穿着印有“清华大学”的衬衫，女生穿着印有“北京大学”的T恤，都手持“清华大学”和“北京大学”的牌子，这就表达了他们的一种愿景和希望，我认为很有特色，让人过目不忘。有的学生举着班主任老师的头像，高喊“某班最棒，某师最帅”，这也挺有意思，至少体现了尊师重教。还有的同学穿着江南“四大才子”的服装，或是扮演喜欢的卡通人物等，这也充分展示了他们的兴趣和爱好。

个性化定制不能夸张，一定要有道德底线。个性化设计不是随心所愿、为所欲为，个性化装扮不能哗众取宠，只为吸人眼球，否则违背教育规律，那就贻笑大方了。

教书育人，说起来容易做起来难。教育的根本任务是立德树人！总之，教书不忘育人，教书先要育人。

关于“减负提效”的思考

前两日，与一位孩子在某重点初中上初三的朋友聊天，他说起一件事，令我难以入眠。有一天晚上，他陪孩子写作业到夜里12点多，孩子突然抬起头说：“爸爸，我现在好想给老师打个电话。”我的朋友很惊讶，就说：“老师现在早已休息了，你是有问题要询问吗？”孩子接着说：“我就想问问老师，您今天晚上布置这么多作业，我怎么做得完？”孩子后来又说的一句话震撼了我的心灵，他说：“我还想问问老师，要是我是您的孩子，您还会布置这么多作业吗？”

无独有偶，在网上看到过这样一则消息。

> 北京市海淀区教师进修学校校长、化学特级教师罗滨曾去一所小学调研，和一位五年级孩子的对话，让她印象深刻。她问孩子：“如果你给老师当老师，你最想做什么？”孩子说：“最想给老师布置作业。”罗滨很好奇，接着问：“给老师留什么作业呢？”孩子回答：“让老师抄课文。”“抄多少遍？”罗滨随口问道。“抄50亿遍。”孩子说。“这个回答，让我一辈子难以忘记！”罗滨说，“50亿遍，可见孩子多么讨厌老师布置的重复作业。”

有人说，减负难，难于上青天。原因在哪里？首先，减负不仅仅是教育本身的问题，还是文化问题和社会问题，这里面涉及体制、观念和评价体系等很多方面。什么是“减负”？减负就是减轻学生过重的学业负担。

什么是“学业负担”？学业负担就是学生在完成一定学习任务所需要的学习时间后所引起的生理和心理负担。倘若课业负担超出了学生的承受程度，就会对学生的身心造成一定伤害，如视力减退、厌学逃学、考试综合征等。其次，减负不是一蹴而就的事情，它需要学校的身体力行、家长的理解支持、教育资源的均衡配置、评价制度的改革完善、社会诚信体系的构建等。正所谓，一口吃不出一个胖子，但胖子是一口一口吃出来的。大家都觉得减负难而不去作为，那问题就像滚雪球一样越积越多，教师在课堂上“满怀激情”地大讲特讲，实施无针对性的题海战术和“地毯式”的训练，最后受伤的肯定是学生。再次，减负不能陷入误区。减轻学生过重的课业负担，减轻的是不合理的、不必要的负担，并非不要教育质量。减负不等同于简简单单地减少课时，减少作业量；追求教育质量也不等同于唯考是举，唯分是举。现阶段我们要谨防出现左手高举素质教育，右手挥舞应试教育的口号式减负现象。

学生到底要不要减负？答案毋庸置疑。下面一系列文件可以佐证：1955年7月教育部就颁发了新中国成立以来第一个减负文件《关于减轻中、小学校学生过重负担的指示》，2004年教育部又发布《关于在小学减轻学生过重负担的紧急通知》，2013年8月教育部又新拟定了《小学生减负十条规定》在全社会公开征询意见。从国家层面，减负势在必行；从学校层面，似乎是“有苦难言”。一次与一位名校的小学校长交流，他突然拿出手机给我看QQ群上的一些信息，原来该校家长委员会代表在群中纷纷呼吁学校要给孩子多布置些作业，家长担心减负后学生的成绩会退步，教学质量会下降，竞争不过别的名校的孩子。我的这位校长朋友向家长们做了耐心的解释，如下是他的答复：第一，减少作业量并非没有作业，有的作业学生可以当堂完成；第二，学校提倡教师要优化教学方式，提高课堂效率，引导学生养成良好的学习习惯和掌握高效的学习方法；第三，学校更关注学生素质的全面发展，还学生一个温暖的童年，从长远看，学生的成绩不降反升。这番解释最终赢得了家长们的理解和支持。

该如何减负？首先，强化政府的主导作用与责任，加快高考制度改革与日常评价制度改革。目前，教育部提出“管、办、评”分离方式以及2015年尝试将中小学生艺术素质测评纳入中高考录取参考等方案都是深化课改的重要举措。合肥市教育局学习上海经验，推进绿色评价体系，开展“三大工程”和“新优质学校”评选也是实实在在的具体做法。这样在一定程度上可以改变“抓质量就等同于抓升学率，抓升学率就等同于办人民满意的教育”的偏见。学生综合素质的培养不仅仅包括学业成绩，还包括创新精神和实践能力等。其次，进一步加大投入，提高学校的硬件设施和师资水平，体现教育公平，促进均衡发展。“择校热”和“择校难”问题的根源在于校际的差异，一个区域中小学办学水平相对均衡，家长支持，社会和谐，减负自然不再难。再次，学校要有实际行动。上周，笔者随区局赴上海参观考察了西林中学和金山区朱泾第二小学两所“新优质学校”，前者以“赏识教育”为办学特色，校园文化氛围浓厚，后者以“七彩课程，幸福人生”为驱动，整合家校资源，取得很好突破。两所学校成功的启示就是寻找一个突破口，将薄弱学校做大做强，学校既关注学业水平提升，更注重学生的综合素质培养，校园学习氛围浓，学生学业负担轻。

学生的学业负担过重，追根溯源，存在以下三个方面情况：一是教师专业化未能跟上课程改革的步伐，教学理念老化、方法落后以及手段陈旧，所以采取题海战术和加班加点的手段能一解燃眉之急。二是作业设计不够科学，机械重复性作业过多。三是评价机制未跟上课改发展需要，重分数、轻能力现象普遍存在。要解决上述问题，第一，教师要更新观念，深入钻研学科课程标准，吃透教材，精心设计教学流程，注意创设情境，关注师生、生生互动，减少无效信息，提高课堂效率，真正把课堂还给学生。第二，优化教学方式和学习方式，改革课堂结构，如先学后教、精讲精练、合作探究、注重实践等，让学生学得轻松，学得愉快。第三，优化作业设计、布置、批改和评价过程。教师在关注笔头作业的同时，多布置一些实践性探究性作业。有一年，合肥市某小学布置的寒假作业就很有创意，数学学科要求学生画一幅科幻画，语文学科要求学生找五个带有数字的对联，英语学科要求学生读一个英语故事，并在新学期与同学们分享。此外，学校要建立健全并完善"学生成长记录袋"，使之真正成为见证学生成长阅历的精神智囊。

写到这里，突然想起曾经在教室墙壁上看到的两句标语。第一句是：生时何必久睡，死后自会长眠。第二句是：此刻打盹，你将做梦；而此刻学习，你将圆梦。前句是国产原创，后句引用的是哈佛大学图书馆训言。同样是励志的目的，但读来感觉迥然不同。虽然两者都强调"争分夺秒"，但前者是"头悬梁，锥刺股""废寝忘食""生死相依""不计得失"，后者在语气上则要舒缓许多，坚持学习才是成功的必要条件。任何以牺牲身体健康为代价的学习都是不值得提倡的。

千里之行，始于足下。减负提效需要呼吁，更需要行动。

（本文原载于2014年3月26日《新安晚报》，略有改动）

做一个“问题”学生

“蜜蜂是靠翅膀振动发声的吗?”很多权威的专家和资料中都给出了肯定的答案。《十万个为什么》和小学自然课程中有这样的介绍:蜜蜂没有发音器官,它的嗡嗡声来自翅膀的振动,每秒达200次,如果翅膀停止振动,声音也就停止了。

事实的确如此吗?湖北监利县六年级小学生聂利经过反复观察和试验发现:蜜蜂的双翅根部有一粒比油菜籽还小的“小黑点”,蜜蜂“叫”时,小黑点上下鼓动;如果刺破小黑点,蜜蜂就没有了声音。因此,她认为:蜜蜂有自己的发音器官,它不是靠翅膀振动发声的,蜜蜂的发音器官就是这两个“小黑点”。在此基础上,聂利撰写了科学观察论文《蜜蜂并不是靠翅膀振动发声》。2003年8月在兰州市举行的第18届全国青少年科技创新大赛上,12岁的聂利凭借该篇论文荣获大赛优秀科技项目银奖和高士其科普专项奖。

其实我们生活中不乏“兢兢业业”与“勤奋刻苦”,缺乏的是“善于质疑”的意识和“勇于创新”的精神。聂利的成功源于她敢于对教科书和权威大胆说不。传统的儒家精神强调“师道尊严、中庸之道、修身齐家治国平天下”,“修身养性、尊敬师长”是中华民族的美德,但凡事皆有尺度,传统教育的一大弊端是造就了一批“坐、等、靠”的学生,这在很大程度上抹杀了学生的个性和童真。很多时候,我们的学生都习惯于等待老师直接宣布最后的答案,而放弃了思考或追问几个为什么。

爱因斯坦说:“提出一个问题往往比解决一个问题更重要。”新课程改革也强调,要培养学生的问题意识。一个好的学生要勇于发现问题,善于提出问题,然后积极解决问题。纵观古今中外,因为“问题”而获得“终身成就”的人不胜枚举。阿基米德在澡盆里的思考成就了现代“水静力学”的胚胎;伽利略在比萨斜塔做的“两个铁球同时落地”的实验,推翻了亚里士多德关于“轻的东西比重的东西落地慢”的断论,从而有了自由落体定律;牛顿在苹果树下问自己:为什么苹果从树上落下?顿悟之后,他发现了万有引力。还有这样一则现象,有的孩子回家后,家长问:今天你学了什么?你考了多少分?有的孩子回家后,家长问:今天你提问了吗?你与同伴交流了吗?有些家长的思维往往看重既得利益,而有些家长可能更看好长远的发展和前景。就像“学问”二字,“学”是对已有理论学说的传承与肯定,“问”是对已有理论学说的质疑和扬弃。有些人多看重前者,而有些人更看重后者。

其实,我们的教育绝不缺少听话的好孩子,而是缺少像“聂利”一样的“问题”学生。在这方面学校需要一种氛围,教育需要一个良好的环境。幸运的是,课改以后,我们不再以“量”评优,而更强调以“质”定位,这个质就包括学生的动手操作能力,譬如举办科技创新、机器人大赛等活动,这在一定程度上为“聂利”的涌现创造了平台,提供了机遇。

做一个“问题”学生,首先要虚心、有勇气。正所谓“不耻下问”“术业有专攻”“闻道有先后”,不懂装懂才是最可怕的。其次要善于提问。有次听一场英语专家报告,讲了一个例子颇有代表性。说我国有位留学生去英国学习语言,外国教授授课结束后请大家提问。这位同学的问题竟令外国教授一时语塞,他的问题是“What's the definition of the attributive clause?”(定语从句的定义是什么?)我国传统英语教学过于强调语法的讲解与传授,所以就不难想象这位同学苦思冥想后的提问了。提问要有意义，要有针对性，然后可以学以致用，这很重要。

对待“问题”学生，教师要能给予包容，同时也要给予正确引领。童话大王郑渊洁小的时候，老师布置了一篇作文《早起的鸟儿有虫吃》，其意是鼓励孩子要勤奋，郑渊洁反其道而为之，写了篇《早起的虫儿被鸟吃》，结果遭到教师的批评，因为其立意有问题。事实上，郑渊洁只是站在虫的角度来观察问题而已，鸟、虫作为生物链的两端均无错，换位思考有何不可？还有个故事，在一节语文课上，教师问学生：“《西游记》中的人物你最佩服谁？”有个孩子回答：“我最欣赏白骨精，因为白骨精具有百折不挠的精神。”无知者无罪，在这里，教师的引领就显得尤为重要，价值观陷入误区，谬误就会掩盖真理的本质。

自古以来，学问就是在肯定正确的东西与否定错误的东西的矛盾运动中，波浪式发展起来的。光学不问不行，光问不深入思考也不行。用欣赏和包容的眼光看学生，也许不远处就有“瓦特”“牛顿”和“爱迪生”！

蝉的启示

午后刚进家门，就听到蝉的嘶鸣声，急促而持久，因为这声音离得那么近，仿佛就在身边一般，这让我诧异！难道蝉飞落身旁？

我小心翼翼地推开卧室的门，走到窗台，骤然发现，丁香花盆的边缘正趴着一只蝉。不知道是何原因，这蝉不走寻常路，它没有在树梢引吭高歌，而是选择落脚在这盆丁香花上，或许它以为这里幽凉，可以“面向太阳，释放自我”。

鸣叫的都是雄蝉，雌性是不发声的。成年蝉的生命其实并不长久，泰戈尔的“生如夏花之绚烂，死如秋叶之静美”，就是对蝉短暂一生最好的写照，雄蝉在与雌蝉交配之后不久便会死去，雌蝉把卵产在树枝上，“传宗接代”的任务完成以后，很快也会死去。

一只蝉从出生到死去实际上要经历“卵—幼虫—成年蝉”三个阶段。卵在树枝上孕育生命，在合适的温度和湿度下发育成幼虫，然后把家搬到土壤里，从此过上暗无天日的日子。它们依靠树根汲取营养和水分，一点点长大，这段时间短的有两三年，长的有四五年，最长的时间能达十七年之久。终于在某个夜晚或黎明，它们勇敢地冲出土壤，爬向树梢，金蝉脱壳，开始了生命中最后的离歌。

“今朝蝉忽鸣，迁客若为情？便觉一年谢，能令万感生。”蝉鸣里充满了伤感和离愁，也给人以无限的遐想。蝉的一生是渺小而又伟大的！蛰伏不以为苦，嘶鸣不以为乐，平平静静而又痛快淋漓，在“抛头露面”的短暂生命里，发出自己最美丽的声音。蝉的一生是平凡而又高尚的！经历了痛苦而又漫长的挣扎，迎来得之不易却又如此简单的幸福，它用嘹亮的歌声来表达它的迷失。

我在窗边驻足，那只蝉似乎听到了什么动静，刹那间没有了声响，顿时安静了下来。但不久，它又恢复了“英雄本色”，放声歌唱起来，与远处的蝉鸣声交融在一起，此起彼伏，像一个大合唱。天气越炎热，蝉鸣声仿佛就越欢快，它在为这个季节呐喊，也是为自己短暂而永恒的生命唱赞歌。

蝉的一生给我们的生活和教育都带来很多启示。漫长的等待只能换来一个夏天的歌唱，它的快乐来得非常不容易，但这并没有影响它追求快乐。每个人的成功都是经过奋斗而得来的，无论经历多少坎坷，为了自己的梦想都要耐得住寂寞，经得起考验。只有历经百转千回，克服千难万险，才能让自己的生命更加精彩！台上三分钟，台下十年功，没有人会随随便便成功。

教育也是一样！无论是教师还是家长，都应该学会放手，不要过多地参与孩子的成长轨迹，遵从生命自身的韵律节奏。就像蝉要蜕变的时候，倘若你只是好心帮它快速脱离痛苦，早日展翅高飞，其实是害了它。对于一个孩子而言，任何揠苗助长的行为都是适得其反。

教育就是要培养出一个个具有鲜明个性的活生生的人。每一个儿童都是一个珍贵的生命，每一个学生都是一幅生动的画卷，坚信没有教不好的学生，才能帮助我们体会学生生命的丰富性和主动性，帮助学生发现自己、肯定自己，才能给每个学生充分的选择机会和发展空间，让每个学生都插上翅膀自由翱翔！

蝉，不因光明黑暗而喜忧，而是专心生长。观蝉者，当思此意，做一个有生命取向的人，不惧艰苦，百折不挠，积蓄力量，最终脱胎换骨，实现人生的价值。

猎狗与野兔的对话

森林里，一条猎狗发现一只野兔，猎狗心里想，今天的午饭有着落了。于是，它拼命追赶兔子，而机敏的野兔一路狂奔。灌木众多，林深草密，猎狗累得气喘吁吁，不一会就被远远地甩在后面。猎狗说："我跑不动了，咱们说说话吧。"野兔说："好啊！"猎狗问："你怎么跑得那么快呢？"野兔说："我们奔跑的目的不一样，你是为了一餐之需奔跑，而我是为了生命奔跑！"

"为了生命奔跑"，是这则寓言给我们的启示。有人说，人生只有三天，即昨天、今天和明天。迷惘的人活在昨天，奢望的人活在明天，清澈的人活在今天。生命的价值并非是要创造无穷的社会财富，而是要有意义地活好每一天。什么是生命的意义？这是值得我们思考的问题。

白岩松曾经说过这样一种现象，在今天的中国，无论男女老少，无论是青年、中年还是老年人，在工作、生活或是旅行中，不经意间，你会发现很多人的手腕上戴着一串珠子。戴珠子的目的可能是为了装饰的美观，但在某种程度上也有着祈福的含义，希望这串珠子能够保佑自己平安或是带来好运。珠子的隐喻恰好说明，当今有些国人的信仰缺失，不知道为何而活着。

大家都在追求成功，但成功的标准是什么呢？昨天看到一则报道，内容是关于教育评价的缺失。一个孩子，小时候家长就把他送到各类培训班学习，会弹钢琴，会写书法，多才多艺。从小学到中学，一路顺风顺水，最后考上名牌大学，找到一份令人艳羡的工作，四十岁不到就当上副处级领导，邻里逢人便说这个孩子有出息，家人也觉得很自豪，五十岁出头又晋升正处级，结果不久便因违法乱纪进了监狱。社会的浮躁和功利主义的倾向常常导致人性的迷失。一个杯子，装满牛奶时候，问你看到什么，你说是牛奶；装满蜂蜜时，你说是蜂蜜；唯有当杯子空置时，你才看见了杯子本身。当我们眼中被权、钱、名所遮盖时，我们就不是自己了。所以，人活在世界上，要把关注的重点由外在转向内在。一个人的一生一定要有自己的目标，有自己的信仰，有自己的信念，那样的人生才会有意义，才会更精彩，也是受人敬仰的。

比较东西方的教育，就会发现一些文化差异。中国的孩子在基础教育阶段非常刻苦，上各类辅导班，背着超重的书包，有做不完的作业，游走于各类考试，不停地刷卷，于是诞生了许多“学霸”“考霸”。等到进入大学，一切变得自由轻松起来。夸张一点说，有些学生认为只要不影响他人学习，每天课前点名到位，剩下的就是期末考试的六十分万岁了。倘若缺乏自律精神，大学就是他们“天高任鸟飞，海阔凭鱼跃”的乐土。西方的教育，大部分学生小学在玩中学，初中在学中玩，直到高中有一丝紧张，大学的夜晚却灯火通明。哈佛大学的图书馆有两条训言，堪称经典。“学习时的苦痛是暂时的，未学到的痛苦是终生的。”“谁也不能随随便便成功，它来自彻底的自我管理和毅力。”

我们每个人每一天都在为生命而奔跑。区别在于，有的人的眼里单一追求的是外在物质，而有的人在满足物质需要之后还会思考内在的精神需求。

人生真正的幸福在于内心时常荡漾起一股轻柔充盈的暖流。有了这股暖流，不管是阳光灿烂或是阴霾满天，我们的脸庞始终洋溢着微笑；有了这股暖流，无论是喧嚣和浮华，我们都能不卑不亢，保持内心的祥和与平静；有了这股暖流，我们便能抵挡一切寒冷与饥饿，目光坚定，清澈依旧。

真正的快乐从来不是依靠物质刺激产生的，就像真正的爱情从来不是凭借钻戒或项链产生一样。

学校教育中的“蝴蝶效应”

气象学家洛伦兹在1963年提出，一只南美洲亚马孙河流域热带雨林中的蝴蝶，偶尔煽动几下翅膀可能导致两周后美国得克萨斯州的一场龙卷风。根源就是空气系统的连锁反应，让初始条件下微小的变化，带动整个系统长期而巨大的连锁反应，这个现象被称为“蝴蝶效应”。它说明事物的变化结果往往是由一个极小的、但极为敏感的初始条件所引发的。这就是著名的“蝴蝶与龙卷风”故事。

千里之堤，毁于蚁穴。这个案例对于社会生活的方方面面都有着深远的影响，教育也不例外。前些年发生的轰动一时的“马加爵事件”和“复旦投毒案”等，都是“蝴蝶效应”的折影。

教育无小事，再小的事在教育上都是大事。积沙成塔，集腋成裘。教育要从关注细节出发。常见到不少年轻教师，苦口婆心地谆谆教导，不厌其烦地反复讲解，却未见好的教育成效，甚至引起孩子乃至家长的反感。于是，老师们开始这样慨叹，现在的孩子越来越难教了。

问题的症结在哪里？仔细观察，其实不难发现，我们的教育行为之所以“落了空”，是因为教育没有走进学生的心灵。我们虽然与学生朝夕相处，却总是有一层厚厚的隔膜。这导致所有的教育行为像打在棉花上的拳头，完全失去了力量，缺少实际的意义。

十多年前，我在一所中学任教，担任班主任工作。有一个学生叫小虎,成绩很差,作业不按时完成,还时常迟到。喊他来办公室促膝谈心是常有的事,但往往是谈完话只管一两天,而后又三天打鱼两天晒网,我行我素。有一次英语考试成绩再次不及格,还在班级里欺负女同学,盛怒之下,我在办公室狠狠地批评了他,他只是哭泣,不说话,仿佛有许多委屈。家长会后,我了解到他的父母离异,一个人跟着父亲过,而父亲又失业,常常是吃了上顿没有下顿。稍后有同学告诉我,有天晚上,小虎忘记带钥匙,而他父亲一夜未归,他竟然在楼梯过道里睡了一宿,因此作业无法按时完成。那一刻我觉得自己有些内疚,先前总是觉得这个孩子太不听话,自己要"加班加点"给他补课,苦口婆心地教诲,但实际上我对他的关心和了解还远远不够。后来,这个孩子因为家庭经济原因辍学了,一直没有他的信息。直到两年前,在汽配城边,有个孩子大声喊我,我回头一看是小虎,他开着小货车,精神抖擞。现在他有了稳定的职业,我为他高兴。不过回想在中学时代,如果教师多一些关爱,那么他的少年时代或许会多一些美好的回忆吧!

做管理者不易,无论是学校的管理者还是课堂的管理者。一个学校教职工众多,每个人工作阅历、家庭背景、天赋秉性都不一样。校长的视野要关注到每一个人,发挥他们的兴趣和特长,为每一位教师提供学习的机会,搭建成长与展示的平台。校长不能搞一言堂,一刀切,"我的地盘我做主",要发挥班子作用,建立民主机制,团结一切可以团结的人,集思广益。记得在学校时,每年过生日,学校工会都给老师送来蛋糕,这让人感觉很温馨。如果让教师感觉学校真的像一个家庭,离不开它,而非把学校当成一个谋生的场所,那么校长的管理工作就成功了。

教师也是一样,对班级的管理和文化建设尤为重要。有的教师教育认识不足,只见树木,不见森林;一叶障目,不见泰山。譬如,有的教师认为只要自己上好课就万事大吉,而忽略对学生学习兴趣的培养与和谐师生关系的构建;有的教师认为只要学生成绩好就行了,而忽视学生的心理健康教育和健全人格的培养；还有的教师出于功利目的出发，缺乏整体意识和大局观，为了自己所教学科成绩的提升而拼命布置作业或抢占课时，甚至为了提高考试成绩而阻止学生参加社团活动等。反思此类现象，“蝴蝶效应”告诉我们，必须立足于学生全面和谐发展，才能使我们的教育回归到原点——促进人的幸福和发展，否则就是伪教育。

教育者的一言一行，如同蝴蝶振动的翅膀那样轻盈，但在孩子的心中有可能引起龙卷风。所以，作为教师，我们千万马虎不得，随意不得。

教育的本质是什么?

马克思主义者认为，教育是培养人的社会实践活动。人是教育的主体，也是被培养的对象。在中国，“教育”这个词最早见于两千多年前的孟子的名言，“得天下英才而教育之。”在西方，“教育”这个词起源于拉丁语“educate”，意为“引出”，也就是教育的目的是为各级机构选拔人才。

教育的本质是什么?

古往今来，莫衷一是。无数哲人名士表达了自己的见解和看法。今天在这里，分享几位哲学家和教育家对教育本质的观点和思考。

观点一：德国教育家第斯多惠说，“教育的艺术不在于传授的本领，而在于激励、唤醒和鼓舞。”

当教师的倘若不熟悉这句话，就很难说是一个称职的好教师。历史上有类似观点的哲人还有几位，马克思说：“教育绝非单纯的文化传递，教育之为教育，正是在于它是一种人格心灵的唤醒。”雅斯贝尔斯说：“教育的本质意味着一棵树摇动另一棵树，一朵云推动另一朵云，一个灵魂唤醒另一个灵魂。”因此，教育的核心就是唤醒，唤醒学生生命中的灵性和欲求。如果教育未能触及人的灵魂，未能引起人的灵魂深入的变革，那就不能称其为教育。

1904年，鲁迅东渡日本，希望用医学拯救中国。在仙台医学专科学校的课堂上放映幻灯片时，插播了一个时事片：在中国东北进行的日俄战争中，一个中国人给沙俄军队当侦探，被日军抓获，在他被枪毙时，围观的却是一群中国人，一个个神情麻木。日本学生看了以后都欢呼起来，这使鲁迅愈发难受，他觉得："凡是愚弱的国民，即使体格如何健全，如何茁壮，也只能做毫无意义的示众的材料和看客，病死多少是不必以为不幸的。"所以，我们的第一需要是改变国民的精神。为了唤醒麻木不仁的国人，鲁迅毅然弃医从文，拿笔作为武器，从精神上改变国民的思想，唤醒大众。

医生是肉体的救死扶伤者，而教师则是精神的长善救失者。教育发展到今天，从古代的私塾，到捷克大教育家夸美纽斯提出班级授课制，现在已发展到在互联网+背景下，基于大数据和人工智能技术支撑的线上线下相结合的混合式学习模式，无论如何变化，教育的本质是让人生活得更美好，成为对社会有意义的人。

五个手指头伸出来，有长有短。一个班级的学生亦是如此，有的学生领会得快，有的学生理解得慢，这就有学优生和学困生之分。教师采取"一刀切"的方式，统进统出，无形之中增加了学困生的压力，甚至让他们产生厌学情绪。因材施教和个性化教学在这种困境下应运而生，但囿于大班化和评价压力，往往在实践中走形。有时，教师的一个眼神、一抹微笑、一个肯定都会起到意想不到的效果。其实，每个孩子的内心都是向上向善的，他们渴望自己的行为能够被欣赏、被表扬。教师需要做的最重要的事情就是把那一面找出来，夸赞他、鼓励他、欣赏他，在赏识中使他树立起"我行，我可以"的信念。

有人说，是金子总会发光的。但金子被埋在沙里久了，就不认为自己是金子，而认为自己是沙子，从而自愿地过起沙子的生活，这样金子也就变成了沙子。更何况，学生正处于一个从沙子到金子或从金子到沙子的可塑期呢？

观点二：英国教育家斯宾塞说，"教育的目的就是为未来完满的生活做准备。”

美国教育家杜威不满足于斯宾塞的理论，提出了“教育即生活”“教育即生长”“学校即社会”的著名观点。杜威是美国实用主义哲学的创始人，也是“儿童中心论”的代表人物，他强调“儿童、经验、活动”三中心论和“从做中学”的思想，教育即经验的改造。这对我国人民教育家陶行知影响很大，陶行知作为杜威的学生，在杜威思想的基础上结合中国国情，又提出“生活即教育，社会即学校，教学做合一”三大主张。

卢梭说：“教育即生长，生长就是目的，在生长之外别无目的。”教育即生长，言简意赅地道出了教育的本意，就是要使每个人的天性和与生俱来的能力得到健康生长，而不是把外面的东西，例如知识，灌输进一个容器。如果说教育即生长，那么教育的使命就应该是为生长提供最好的环境。什么是最好的环境？第一是自由的时间，第二是好的老师。在希腊文中，“学校”一词的意思就是闲暇。在希腊人看来，学生必须有充裕的时间体验和沉思，才能自由地发展其心智能力。

当下，我国教育界提出核心素养理念。核心素养是什么？核心素养就是学生应具备的，适应终身发展和社会发展的必备品格和关键能力。其出发点和落脚点都是促进人的全面发展。要培养大写的人，在我看来，教育的功能要体现在三个层面。第一是学习知识和技能。韩愈说：“师者，所以传道授业解惑也。”师父领进门，修行在个人。这是金字塔的底端，也是教育的最低层面。第二是提高能力和素养。每个人要有一技之长，能自给自足，成为对社会有用的人。物质生活和精神生活相得益彰，实现个人生命的“小康”社会。第三是学文化，启心智，爱生命。教育的最高境界就是培养具有家国情怀、公民责任和使命担当的人。写了一辈子武侠小说的金庸先生曾经对“武侠精神”有一个很好的定义。“武”是一种文化，“侠”是一种情怀。侠，就是牺牲自己的利益去帮助别人，主持正义。只要人与人之间有关系，这种侠的精神永远存在。“武侠精神”根植于中国传统文化，与不畏强暴、勇于反抗的民族气节息息相关；与友善助人、团结关爱的民风密切相连。今天，有些人与邻居形同陌路，有些人路遇不平多为看客，“不要和陌生人说话”已成为人们小心提防的潜台词，这些都足以引发社会深思。教育要解决培养什么人、如何培养人和为谁培养人的问题。其实，每个人的内在深处都有一种武侠情结，这个时代呼唤“武侠精神”！

观点三：古罗马哲学家西塞罗说，“教育的目的是让学生摆脱现实的奴役，而非适应现实。”

反观今天国人的读书现状，不能不令人担心。根据第四次全国阅读调查显示，中国人的读书率已经降到了1999年以来的最低值，平均每人每年只读4.5本书。人们热衷于做追逐手机信息的拥趸，难以静下心来阅读传统文化经典。事实上，知识分为两类：浮在上面的是“信息”，它能为你所用，但却无法沁人心脾；沉在下面的是“文化”，它积淀成为你的修养、思想和观念。不读书就无法摆脱现实的奴役，而最终沦为生活的奴隶。

除了读书之外，思辨意识和创新能力也显得尤为重要。好的课堂绝不局限于千篇一律的固定答案，而是在自主合作与探究中体验“百花齐放”和“百家齐鸣”的乐趣。

康德说：“真生的自由，不是想做什么就做什么，而是不想做什么就不做什么。”自由是相对的，但是即便是相对的自由，也要在充实和精彩中度过。因此，对于教育而言，无论是教师还是学生，大量地、高品位地阅读，勇敢地、大胆地思考，自由地、诚实地书写，才是一个人内涵发展的理想境界。

今年国家对于语文、历史、道德与法治三科统编教材进行整体推进，其中两个显著的变化就是加大传统经典文化的回归和扩大学生的阅读量。以小学语文为例，采取“人文素养和语文要素”双线并举的编写思路，在凸显“人文性和工具性”的基础上，强调语文学科“言语性”的育人本质，也就是通过学习和使用语言来进行交际的过程。

一个人明白自己为什么要学习，要学习些什么，未来要成为什么样的人，才能够实现精神的丰腴，真正做自己。

观点四：爱因斯坦说，“教育就是当一个人把在学校所学全部忘光之后剩下的东西。”

剩下的东西是什么呢？答案可以有很多，仁者见仁，智者见智，你尽可以自由去想象。诸如，做人和做事的能力，习惯和素养，人生观、世界观和价值观等。英国数学家怀特海说：“抛开了教科书和听课笔记，忘记了为考试背的细节，剩下的东西才有价值。”知识的细节是很容易忘记的，一旦需要它们，又是很容易在书中查到的。所以，把精力放在记住知识的细节，既吃力又无价值。假定你把课堂上所学的这些东西全忘记了，如果结果是什么也没有剩下，那就意味着你白受了教育。那个应该剩下的被称为教育的东西，用怀特海的话说，就是完全渗透在你的身心的原理，一种智力活动的习惯，一种充满学问和想象力的生活方式。用爱因斯坦的话说，就是独立思考和科学判断的总体能力。

知识是死的，人是活的。读死书，死读书，读书死。把冰冷的知识转化成鲜活的能力，是一种本领。授人以鱼不如授人以渔，你教会一个人在平原上打井的技能，他在沙漠里和高原上也能取到水。联合国教科文组织指出，未来的文盲不是不识字的人，而是不会学习的人。一个好的教师不但要给学生以知识，还要教会学生自学的方法。也有人说，“授人以渔”不如“授人以愉”，“授人以愉”不如“授人以欲”。教育不仅是传授知识和技能，更重要的是激发学生的兴趣，找到解决问题的方法，坚定终身学习的愿望，提高他们的创造力。

教育要培养对社会有用的人才！有用就是有价值，有用就是有文化、有追求，有用的人才就是有自己的思想和有独立价值判断的人！

教育就是生长

反思基础教育

听杨启亮教授的报告，全程无课件展示，但他娓娓道来。居安思危，为中国教育的未来大声疾呼，期待浴火重生。

什么是教育？教育是培养人的事业！康德说："人只有通过教育才能成为人，人是教育的产物。"苏格拉底说："教育的本质是唤醒，是开发你的内心。"教育要使人成为人，而不是某种人。

在今天，十八岁以前的青少年学生自认为是全社会最累的群体，把十八岁看成人才成功的终结。某大学生，据说当年高考时还是榜眼，现在上课时却酣然入睡。老师将其推醒后才知，他昨夜打了一宿游戏。杨教授感叹现在有些大学生常常"刀枪入库"，因为之前太辛苦，现在进入大学之后就彻底解放了。当然，很多学生进入大学后学习依然很刻苦。

我们所期待的高考功能应该是选择而非选拔，让每个人都能做到专业性的选择，而非人与人之间的"你死我活"。我国的基础教育贡献给社会的品质，不是"厌学"而应该是"乐学"。基础教育是打地基，在地平线以下，最优质的特点是每一寸地基都合格，不留下残缺。基础教育关心的是普及到每一个人，让每一个人都合格。高等教育则鼓励百花齐放，多元发展，学校办出特色，要有差别，可以追求精致。"拒绝平庸，追求卓越”应该是大学的口号，而非基础教育的工作的目标。

在当今社会，“高分低能”现象依然严重。抬眼一望，不难发现，在接受十二年的基础教育后，横穿马路乱闯红灯现象屡见不鲜，这难道不值得我们反思当下的教育吗？我们往往过多关注与考试有关的教育，其他都忽略太多了。考试的目的是什么？是评价和选拔。考试是为了查漏补缺更好地学习，现在却本末倒置了。考、考、考，学校的法宝；分、分、分，学生的命根。高校扩招，就业压力，衍生出很多社会问题。现在一些“名校”号称高考加工厂，像开连锁店似的扩大办学规模，导致优质资源缩水。就像原来只有一杯牛奶，现在兑了很多白开水，其结果可想而知。教育是民生，不是产业。基础教育不是培养考试的能手，而是要培养有一颗平常心的普通劳动者。

孔子说：“有教无类。”陶行知说：“爱满天下。”教育是培养全面发展的人的唯一途径。基础教育应该是普及全民的公益性教育，是面向全体未来国民的无歧视的公平性教育。中国有至少两亿七千万农民工，我们要多关注这些弱势群体子女的教育。

基础教育必须要全面实施素质教育，而素质就是人的朴素的品质。它不需要显山露水，不需要花里胡哨。教育的包装不能太多，教育的本质是朴素。“朴”的原意是原木，没有加工；“素”的原意是白的，没有化妆。教育的包装太多，就变成了形式主义。

目前，教研之道就是寻找合理合适的教研方式。

最后，杨启亮教授用二十个字生动概括了他对教育的理解。这二十个字分别是：心地善良、身体健康、脑子不笨、自食其力和审美修养。这也是从“德、智、体、美、劳”五个方面诠释了对教育培养目标的定义。

教育即生长

有个事情蛮有意思，婴儿啼哭时，做妈妈的要忙不迭轻轻拍打、抖动安抚着，他才能安然入睡。久而久之，没有妈妈的抖动，孩子就会不停地啼哭。孩子为什么要抖动着才能睡着呢？因为家长帮他养成了习惯。我们对孩子的教育也是这样！很多时候，我们担心孩子吃不饱，吃不好，因此满堂灌代替了精讲精练，一言堂取代了师生互动，课堂上学生练手多、动脑筋少。康德说，成年人无形中给孩子的背部做了个牵引带，担心他们摔倒。归根结底一句话，我们放手不够！然而，教育的真正内涵就是培养孩子良好的习惯。

有所小学的期末语文考试出了这样一道题："雪化了，变成了什么？"学生的回答五花八门。正确答案是："雪化了，变成了水。"但是有个小学生别出心裁，给出了这样的答案。"雪化了，变成了春天。"教师评判为错，因为与标准答案不符。教师在无形中成为扼杀学生天性的刽子手。实际上，这个学生的回答非常有诗意，难道不应该给予点赞吗？

教育是一种生长，这是对学生生命意义的关切。青少年学生尚处在青春期，世界观、人生观和价值观都处于朦胧阶段，这意味着他们具有独特性和可塑性。每一个学生都是上天派来的使者，课堂教学的价值就是从人的发展本质思考，不仅让学生的知识增值，更重要的是促进他们全面发展。课堂的本质是倾听和对话。富有生命的课堂应该是让教学建立在倾听之上，在课堂上让学生产生自己的思想。

教育要返璞归真，就要回归学生的原点。有人把生长性的课堂概括成四个词，分别是"以学定教、先学后教、因材施教、教是为了不教"，前两者强调学生的学，后两者侧重教师的教。教师是长大的儿童，对于孩子，既要蹲下去看，更要站起来引。

教育要培养具有中国情怀和国际视野的人才，要为孩子的幸福人生奠基！把孩子培养成人，让每个孩子装上心灵的摄像头，学会自律。

大道至简！道术统一，知行合一，表里如一，这是教育者孜孜以求的目标。

追求教学智慧

苏格拉底说:“未经反省的生活是不值得过的。”教师要学会用哲学的观点思考教育。哲学的基本方式就是反思,做深度的思考,不拘泥于细枝末节。现实的讽刺是,很多人过于钟情“细节决定成败”这句话。结果没有成败,全部淹没在细节之中了。这确实应该引起我们的警醒。

生活中,我们都在追求教学智慧,但智慧常常被现实贬低。譬如,智慧课堂是时下流行的话题,其实严格意义上说只是智能而已。人要站在技术之上,而非受限于技术。技术只能提供实现目标的手段,但技术不能提供目标本身。因为技术只是解决知识传播的问题,解决不了立德树人以及情感、态度和价值观的培养问题。

教学是有趣的,而有趣的教学是基于问题的教学,也是培养学生思维能力的教学,因为思维是智力的核心。大家都听过“哥伦布的鸡蛋”的故事。哥伦布发现新大陆后返回西班牙,受到王室礼遇。宴会中一贵族不以为然,认为新大陆本身就在那儿,任何人出海远航都能发现。哥伦布拿出一个鸡蛋,问:“谁能把这个鸡蛋竖起来?”大家面面相觑,鸦雀无声。最后哥伦布把鸡蛋的一头在桌上轻轻一敲,鸡蛋就稳稳地直立在桌子上了。有时候,教学智慧就是打破常规,逆向思维,不走寻常路。所以说,教学智慧孕育在问题的解决过程中。

一节美国的小学语文课上,老师和同学们正在讨论《灰姑娘》。教师首先让一个同学讲讲课文内容,然后通过问题链启发学生发挥想象力,表达自己的观点。譬如,你们喜欢故事里面的哪一个人物?不喜欢哪一个人物?为什么?如果你是辛德瑞拉的后妈,你会不会阻止辛德瑞拉去参加王子的舞会?如果辛德瑞拉因为后妈不愿意她参加舞会就放弃了机会,她可能成为王子的新娘吗?最后,这个故事有什么不合理的地方?同学们在思考和交流中加深对每个人物性格特点的理解,并学到故事蕴含的人生哲理。事实上,一千个读者就有一千个哈姆雷特。课堂教学的智慧就是要尊重学生的主体地位,尊重学生的独特理解和感受。课堂是教师的教育机智和学生的思维火花碰撞之后新经验的生成地和集散地。

世界上有两种教师,一种是聪明人,另一种是智慧者。聪明人种牵牛花,来年即姹紫嫣红;智慧者种银杏果,不求一时之需,百年方成。

教学是慢的艺术,需要小心呵护,静待花开。

教育就是生长。

(本文是组织区专兼职教研员赴南京师范大学培训后的心得)

好教育和好学校

教育改革需要良好的“生态环境”

一条河里有一两条鱼死了，是鱼自身存在问题；一条河里大部分鱼都死了，就是生态出现了问题。

教育也存在同样的现象！譬如教育观念的问题，素质教育和应试教育之间的矛盾，违规择校和优质教育资源不均衡现象，社会风气、家长期望绑架教育发展问题等。今天听说某名校家长集中到省教育厅上访，要求学校暑期给学生补课，家长认为别的学校补课了自己孩子所在学校不补课吃亏了，怕影响孩子高考成绩。

教育总是在理想和现实之间挣扎！有调查数据显示，某省26.3%的小学生反映课后作业完成时间超过一个小时以上；75.5%的初中生感觉学业压力大，课业负担过重。我们都知道孩子学习辛苦，负担过重，但是我们有时候无形之中还在做推波助澜者。对于很多违背教育规律的事情，有的人头脑清醒，但感到无奈，有的人本身就迷迷蒙蒙、糊里糊涂的。

教育的改变需要全民尽心，人人有责。顶层设计的引领少不了，制度保障也很重要，很多政策或法律能不能落地的关键是能不能严格执行，不能遇到一点阻力就不了了之，还有就是要一视同仁，一以贯之，不能拍着脑袋搞着玩，缺乏坚持。

教育改革需要一个好的“生态环境”。安安静静发展,各具特色争妍,如是甚好。

好教育和好学校

有人说:美国孩子在做手工,我们孩子在做题;法国孩子在唱歌,我们孩子在做题;新加坡孩子在做志愿者,我们孩子还是在做题。我们的学生牺牲了难得的业余生活,牺牲了宝贵的与人相处的时间,就是为了考上一个理想的学校。这是传统中高考体系下的精英教育的表现。一个孩子,不缺席,不旷课,不迟到,是不是好学生?答案是可能是,但是这个孩子上大学以后,会不会出现生活上的不能自理,抑或与他人无法友好地交往?答案却未可知。

教育的目的是什么?教育的目的是让孩子追求自由的生活。自由不是散漫,而是自由的灵魂,自由的人格,自由的品质。一个好学校的标准是什么?答案不唯一。概括起来有四个方面,即对课堂有期待,对教师有信任,对学校有依恋,对未来有憧憬。

当一批批孩子在我们的引领下茁壮成长,学求知、学做事、学做人、学合作,然后放飞自然,融入社会。望着他们的背影渐去渐远,直到目光不及的远方,我们内心常常充满无比的幸福与自豪。

从爱因斯坦的话说起

“教育就是当一个人把在学校所学全部忘光之后剩下的东西。”爱因斯坦的这句名言几乎家喻户晓，在许多场合被广为引用，从事教育的工作者尤为关注。

一个人把他在学校所学习的内容都忘记了，那剩下的会是什么呢？那就是外化于行、内化于心的能力和素养。

一个孩子，小时候吃过什么东西，长大后可能早已忘记，但这些食物都转化为营养，成了血和肉，让这个孩子成为一个体格健全的人。实际上，这种素养和能力是一种潜移默化的自然生成。有一位诺贝尔奖获得者在接受采访时，被问到他人生中的哪个阶段令他印象最深刻？他的回答是幼儿园。因为在那里，他懂得了吃东西时不要大声说话，待人接物要有礼貌，有好东西要与人分享，要尊重别人才能赢得别人的尊重……这些好习惯是他一生都无法忘记的内在涵养。

这些涵养不是与生俱来的，是在后天的点点滴滴积累中内化形成的。内化的途径就是学习和实践。一个人受过高等教育并不代表他一定就是文明人，就像一个人有高学历并不代表他就有真才实学。其实我们生活里不乏这样的人存在，他们智商很高，情商却不高。他们虽然接受过高等教育，但工作能力却不能同日而语。所以，莎士比亚说：“三年可以造就一个富翁，三代造就不了一个贵族。”

过去人们常常批驳中国的英语教育,说是费时较多,收效甚微。因为中国孩子学习英语往往过分拘泥于语法的框框,死记硬背单词和短语,只能应付考试,却不能做到口语灵活运用,特别是难以在指定语境下和外国人自然交流。这就像爱因斯坦说的,我们记住了学校所学习的内容,却没有把握好忘记之后剩下的东西。

真正的教育,就是让学生能够举一反三,让他们学会一种或多种方法,积极主动去寻找解决问题的途径。

一位教师,如果能在学生心里播下坚信和坚持的种子,就是成功的教师;一所学校,如果能让学生在跨出校门后,明确自己的方向和目标,以智慧的方式去实现自己的目标,就是成功的学校。能让自己的学生,无论身处天涯海角,无论贫富顺逆,都能以当年的老师为荣,以自己的母校为荣,以自己的教育经历为荣,这才是真正美好的教育,值得我们为之努力的教育。

只有这样,我们才有理由相信,这种教育所成就的未来是光明、温暖的,是充满美好希望的。

伤仲永

与一位教师朋友交流，不自觉聊到了家庭教育这个话题，她言语中充满了焦虑和不安，她对自己的孩子成长忧心忡忡，话语急促而坚定。我很想劝一劝她，但难以插上嘴，于是就耐心地听她叙说，最后终于明白了她的“担忧”。

她的小孩今年六岁，下半年开学准备上小学一年级了，但在入学之前，这位同行给她的孩子报了许多美其名曰“兴趣”的辅导班，以便让孩子充分做好幼小衔接的准备，为将来的小学发展打下坚实的基础。诸君猜猜看，这个六岁的小男孩现在上了几个辅导班。

三个？不对。四个？再猜。五个？你答对了！这五个辅导班分别是：拼音、绘画、乐高、国学和专注力。乍一听到这些科目，我的第一反应是：天哪！这孩子一周能学完吗？而朋友说这哪里算多，别的家长报的比这还要多！

突然间想起她的孩子平时还要上幼儿园，这时间又是如何分配的呢？这位母亲说孩子上幼儿园大班，每周二、周三下午幼儿园4:30放学后，她准时接孩子去上辅导班，周二下午是画画，周三下午是乐高和拼音，周六是国学，周日是专注力，每门课大约要一个半小时。说到这里，她抱怨道，你看我有多辛苦，在学校的英语教学工作担子已经很重，每天备课、上课、批改作业，下班了就全身心投入到孩子教育上了，周三下午孩子上完两门课就已经八点多了，但孩子的进步似乎不及预期。首先是拼音，别的孩子领会很快，她的孩子掌握得有些慢，老师报听写时，孩子有时候东张西望，写得不尽人意。为了提高成绩，辅导班的老师甚至“不辞辛劳”主动给她的孩子加课补习。

我很奇怪“专注力”这门课都学些什么？同行说就是因为她的孩子好动，所以希望强化一下注意力。我猜测“国学”大约就是中国的传统文化吧。果不其然，这个班就是教孩子们学论语，背诵经典古诗词。诸如孔子的话：“学而时习之，不亦乐乎？”还有李清照的诗：“生当作人杰，死亦为鬼雄。”

听这位朋友的滔滔不绝，我深切体会到父母对于子女的爱心以及那种迫不及待的心情。特别是在听到别人家的孩子拼音掌握得好，而自己孩子却“不争气”时，她的脸上表现出“痛不欲生”的表情。要知道，这五门课一年的学费要两万多元，家长们太希望自己的投入和收益能够成正比。

这样做有必要吗？一个五六岁的学前儿童，正是无忧无虑快乐玩耍的时光，为何一定要强加那么多“学习”任务呢？朋友却很不理解，辩解说，别人家的孩子都在学，我们不学就会落后。真的会落后吗？即便落后一点又能如何？想想我们的童年，既没有上过幼儿园，也没有吃过巧克力和冰激凌，难道我们就智力落后了吗？记忆里小时候就是在下河摸鱼、粘蜻蜓、滚铁环、摔泥巴中度过的，那是一生中都无法忘却的美好记忆。

即便是今非昔比，城市里的孩子学点画画，培养些兴趣也未尝不可，但是有“奠基”那么多门课程的必要吗？当学习成为一种压力甚至负担，甚至令孩子还未入学就已对学习产生畏惧或是厌学倦怠，那不是“伤仲永”吗？

王安石笔下的方仲永，天生神童，但因家长不作为，他后天不学习，而沦为普通人。现实世界的“伤仲永”恰恰相反，不是缺乏学习，也不是学习的渠道窄化，而是需要学习的地方太多了，或者说，学习得太早了。他们在该玩的时候忙着学习，在该学习的时候还是在学习，以致到最后变成了书呆子。学习要得当得体，倘若过度，岂不也是伤害？就像一个爱读书的人，非要在日头下或者在光线不好的环境里看书，对眼睛就是伤害。

欲速则不达，道理大家都明白，但为何放在自己身上却难以施行了？有的家长振振有词，不要让孩子输在起跑线上，其实他们误解了这句话的内涵。现在的家长们都拼命想给孩子提供自己认为的更好的平台，拼命要把孩子的起跑线往前挪，却没有想到自己恰恰是孩子最大的掣肘。他们把对自己的不满投射到孩子身上，希望孩子能完成自己的心愿，弥补自己过去的缺憾。

“伤仲永”的内涵在于这个孩子缺乏良好的教育环境和自身努力，最终成为庸人，从而泯然众人。现实生活中也有很多“仲永”们，或许是因为过多过早过重的学习而被扼杀了创造力也未可知。

其实，最好的做法是引导、扶持、规范、鼓励和鞭策，结合孩子的实际情况和顺其自然的天性，不去盲目攀比，让孩子自由自在地发展，走适合自己的路，这样才会走得更快、更稳、更远。

美育有多重要

想起我的小学时代，一位姓江的女教师怀抱手风琴，带我们一起唱歌，记忆里那时最经典的歌曲有《牡丹之歌》《在那希望的田野上》《北国之春》等。江老师领唱，在手风琴的伴奏下，一群孩子咿咿呀呀地哼唱，就这样不知不觉度过了快乐的童年时光……

步入初中是二十世纪八十年代中期，记得前两年还有音乐课，也有了专门的音乐教室，其实就是多了一台钢琴而已。一位四十多岁的男教师坐在那里弹琴，悠扬的旋律响起，一群少年扯着嗓子吼叫，好像谁的声音大，谁唱得就好一样。

进入初三以后，音乐和美术课就很少再光临我们的课堂，可能是因为面临毕业，升学压力大，很多课时被其他“勤奋敬业、任劳任怨”的主课教师占领了。上高中时，学校会不定期组织同学们看电影，虽然电影的名字到现在已经记不太清楚了，但那是青少年时期难得的美好记忆，也是不错的审美教育。

美育很重要！美育即审美教育，是培养人认识美、爱好美和创造美的教育。美育的功能就是审美、立美、育美和创美。在人的全面发展教育中，美育占有重要地位。中华人民共和国成立以来，美育一直是五育并举的重要组成部分。因为美是有力量的，没有美育的教育是不完整的。

美育有狭义和广义之分。有人说，狭义的美育是形式美育，意思是以培养对象的审美素养（如审美观、欣赏美和创造美的能力等）为目标的教育活动；而广义的美育是实质美育，即以活动为手段，培养学生追求美育的精神实质——人生的美学趣味和教育的审美境界。真正意义上的审美教育就是从狭义走向广义，从形式走向实质的嬗变。

审美是一种情趣！在中小学生心中播下真善美的种子，可以引领孩子们从善、爱美、向上。美育并不是培养美术家和音乐家的教育，而是培养人的教育。海顿说："艺术的真正意义在于使人幸福，使人得到鼓舞和力量。"蔡元培先生也曾大声疾呼："美育是最重要、最基础的人生观教育。"乔布斯也曾直言，苹果与其他计算机公司最大的区别，在于追求科技的同时，始终保持对于艺术和美的追求。

审美是一种修养！看一个人穿衣的风格就能了解他的审美品位，听一个人说话就能知道他的审美素养。审美可能有与生俱来的传承，但更多是潜移默化的生成。审美可以让人知晓世界上的美好与丑恶，知道哪些事情可以做，哪些事情不可以做。审美也会让你在遇到困境的时候可以有勇气优雅地面对。美由心生！

审美是一种文化！会画画、能唱歌是窄化的美育观，除了知识和技能之外，学会欣赏和赞美是美育的最高境界。我们要以美启智，以美育人，以文化人。有一次，温家宝总理去北京四中考察，聆听学校合唱团演唱后，颇有感触地说："我不太会唱歌，但是爱欣赏，这也和我上中学的音乐课有关。那是20世纪50年代，我的音乐课老师上课只讲十分钟的课本，剩余35分钟有两件事情他要做，一件事情是放唱片，从世界名曲到京剧他都放，就让学生听；还有一件事情就是弹钢琴，他弹的许多曲子至今仍很熟悉。他的教学方法很独特，不把音乐课当成只教唱歌，而是将音乐当成启迪人的思想、陶冶人的情操、培养人的素质的一种手段。"

爱美之心，人皆有之。世界上并不缺少美，而是缺少发现美的眼睛。不远处的军营里有号角吹响，清澈响亮，打破黎明的宁静，新的一天即将开始。美就在身边，不是吗？

辑二

不停止反思　用心去成长

反省是一面镜子，它能将我们的错误清清楚楚地照出来，使我们有改正的时机。

——海涅

吾日三省吾身。

——孔子

课堂教学中的“高原现象”

高原现象是一种教学中的心理效应，源于刘儒德老师的《教育中的心理效应》一书。

高原海拔高，但就其本身的地面来说却比较平坦，以至于人在高原上行走一段时间，海拔并未上升。这与学习中出现的现象类似：刚开始接触新生事物，兴趣浓、效率高、收获大，进步也快，但随着学习的进一步深入，虽然与原先比同样努力甚至更加努力，成绩却停滞不前，甚至下滑。刘德儒老师把这种现象称为“高原现象”。

学习是一个过程，要经历从开始阶段、迅速提高阶段、高原期以及再次提高阶段的循环往复。学生出现高原现象的原因很多，如学习方法未及时调整，个人意志不顽强，基础知识不牢固等。要突破高原现象的方法也很多，如当兴趣下降、成绩下滑时，学生能够及时调整自己的心态，探索适合自己的新的学习方法，严格要求自己，坚持不懈，自我加压。

在这里，我想说一说教师的高原现象，也就是职业倦怠问题。有人把教师分为三类，即新手型教师、经验型教师和专家型教师。新手型教师要站得稳讲台，经验型教师要站得牢讲台，专家型教师要站得好讲台。每个教师的专业成长大致都会经历六个阶段：自卑、自信、自负、自傲、自省、自然。一个师范生离开“象牙塔”，走上讲台。面对一切新生事物都会感到新鲜，听课、观摩、学习，钻研教材，熟悉教法，三年磨一剑，渐渐地驾轻就熟，小有名气，受到学生爱戴，令家长满意，让领导欣赏。突然有一天，他会觉得自己找不到自我，仿佛一切已经功成名就，船到码头车到站，学习没有了动力，生活没有了目标，人生没有了追求。

与一位老师交流，我问她为何这半年很少参加教研活动。她说了一句话，让我至今记忆犹新。原话是，“我已经评上高级职称了”。这话好像有两层含义：一是她参加教研活动的目的就是为了评职称；二是既然职称已经评上，在教学研究上已别无他求。

我们已经走得太远，以至于忘了当初为什么要出发。试问：一个教师日复一日、年复一年地重复着同样的劳动，怎么会不产生职业倦怠感呢？教育专家李希贵说：我们之所以认为教师的职业倦怠是难题，原因是没有找到教育的本质，没有激活内在动力，没有因此而产生更高、更远的追求。因此，要克服职业倦怠，提高幸福指数，就要追溯教育的本源，明白工作和生活的意义，提取成为优秀教师成长的“基因”。笔者以为，要防止“高原现象”，克服职业倦怠，以下四点很重要。

第一，要有内在动力。一个人活着有三层境界。第一层是生存。如果我们仅仅将教学作为赖以生存的工具和谋生的手段，那大约就在这个层次徘徊，一生温饱无忧，充其量是个教书匠而已。第二层是生活。我们热爱教学，乐于传道授业解惑，培养一大批得意弟子，有自己引以为傲的专业技能，事业上小有成就。但时常会感觉怅然若失，有一些迷惘。第三层是生命。我们会自觉或不自觉地有发自内心深处的诘问和思考，我们要关注生命的意义，追求幸福的教育生活。

孟德斯鸠说：“任何外部的力量都不及来自个体内心强烈的呼唤。”作为一名教师，如果你感到不快乐，那可能是负担过重或是压力太大。你需要改变现状，就要主动去学习和思考，主动去尝试和创新，一旦内在动机被激活，变化就在眼前。一个鸡蛋从外部被打破是一食之需，从内部被打破则是一个新的生命的诞生。

内在动力是要培养优秀教师成长的“基因”。那么优秀教师是从什么地方获得了内在的动力？可能来自一本书、一个情景、一句话或一个人。李希贵说过一件事，他学生时代爱写诗，有一天在桥头玩，政治老师突然喊住他，对他说：“你的诗写得很好，我在校报上看到了。”这让他很是激动，于是天天写诗，还读了大量的诗歌，虽然最后没有成为诗人，但这些积累为他成为优秀教师奠定了基础。区里有位老师在全国大赛中获奖，此后的历次公开课展示和学习培训，她都更加精益求精，严格要求自己，觉得大家都在看着自己，这种内心自省使她后来成为名师。

第二，要有读书习惯。读书是生命的美容！三毛说：“读书多了，容颜自然改变，许多时候，自己可能以为许多看过的书籍都成过眼烟云，不复记忆，其实他们仍是潜在的。在气质里、在谈吐上、在胸襟的无涯，当然也可能显露在生活和文字里。”

教育就是培养人的良好习惯。毛主席曾有个形象生动的比喻：人就像一个店铺，货卖完了不进货，店铺就要关门。必须不断进货才能持续开店，进货就是不断学习。人生就是马拉松，只有持续不断学习的人，才能赢得最终的胜利。美国有位质量管理大师曾提出一个简单的学习方法——每天进步1%，就是说如果我们每天能够坚持阅读1小时，那么一周就是7小时，一年累计就达到365个小时，几年下来，就可以完成大学本科课程的学习。

作为一名教师，你现在读什么书，做什么事情，与什么人交流，将决定五年后你成为什么样的人。我们要读些什么样的书籍？一是围绕自己的兴趣和爱好；二是围绕自己的专业和特长；三是聚焦现实中一个问题或某种现象；四是有关中外思想文化和人生哲学著作。读书是教师学习的最基本途径，倘若从读书说开去，从促进教师的专业成长而言，还包括聆听专家讲座和报告，听名师现场授课或观看名师课堂录像，观看教育电影和教育电视。读人首先是读与自己直接交往的人，向同事学习；还可以读与自己间接交往的人，向名师学习。读生活，即学习。教师要从个人、家庭、学校和社会的生活出发，积极进行人生的实践和体验，并在其中感悟、学习和提高。

第三，要有问题意识。古人云：学起于思，思源于疑。小疑则小进，大疑则大进。疑问是思维的火种。曾经读过这样一个故事。维特根斯坦是大哲学家穆尔的学生，有一天，大哲学家罗素问穆尔："谁是你最好的学生？"穆尔毫不犹豫地回答："维特根斯坦。""为什么？""因为，在我的所有学生中，只有他一个人在听我的课时，老是流露出迷茫的神色，老是有一大堆问题。"后来维特根斯坦的名气超过了罗素。有一次，有人问维特根斯坦："罗素为什么落伍了？"他回答说："因为他没有问题了。"可见，问题是我们的朋友。

一个有问题意识的教师才能培养出有问题意识的学生。问题意识实质上就是研究意识，研究品质。课堂的本质是倾听和对话。课堂教学就是不断发现问题、分析问题和解决问题的地方。教师应该鼓励学生提出问题并以包容的心态给予积极的协助。教师在专业发展的道路上，应该有一双发现问题的眼睛，并能开展基于课题的问题研究。区内有一位英语教师，在上阅读课的时候发现，单纯地讲解语法词汇和机械操练只会使语言变得支离破碎，学生也会觉得枯燥乏味。有一天她尝试着使用思维导图的形式，把文章的框架结构、各级主题、观点和事实通过线条、符号、颜色、表格和图像的形式呈现出来，依托文本信息和学生已有图式交互作用，实现了对课文意义的建构，从而帮助学生理解和记忆，让阅读效果得到很好的提升。在实践中尝到甜头与乐趣后，这位教师开始阅读有关思维导图的著作，并着手收集一些相关论文，邀请同伴开展讨论，最后成功申报了市级立项课题，积极开展研究工作。

教育家苏霍姆林斯基说：如果你想让老师的劳动能够给教师带来乐趣，使天天上课不至于变成一种单调无味的义务，那你就应当引导每一位教师走上从事研究这条幸福的道路上来。研究的基础是问题，正所谓课题即问题，教学即研究，成果即成长。

第四，要有反思品质。反思是教师专业成长在精神上的新陈代谢。生物体经常不断地从外界取得生活必需的物质，并使这些物质变成生物体本身的物质，同时把体内产生的废物排出体外，这种新物质代替旧物质的过程叫作新陈代谢。教师的财富来自自身的教学经验。经验是可贵的，也是可怕的！如果迎难而上，与时俱进，不断更新自己的知识体系，这就是宝贵的经验；反之，如果被经验所束缚反而成为其奴隶，这种经验就是可怕的。教师的反思就是把经历、体验中积极、有效的因素内化为自己的品质（精神财富），把经历、体验中消极、无效的因素消除并排出心外，从而始终保持一种积极向上的精神状态，防止职业倦怠。

教师应该反思什么？反思我们的教学，反思我们的学习，反思我们的生活。反思可以让缄默知识说话和发声，这是一个将缄默知识转化为显在知识的过程，使教学由经验走向理论，由自发走向自觉，由随意走向有意。反思之后做什么？还需要把它记录下来。常见的做法是课后及时反思，撰写教育叙事、随笔等。

与大家分享一则充满禅意的小故事。

日本历史上两位著名的剑手宫本武藏和柳生又寿郎曾是师徒，当年柳生拜武藏为师时，所问的第一个问题便是："假如我努力学习，需要多少年才能成为一流的剑手？"武藏答案为："最少也要十年。"之后，柳生不断保证会更加努力，得到的答案却依次是"二十年、三十年、七十年、一辈子不会"。柳生疑惑："为什么我越努力，成为一流剑手的时间却越长呢？"这时武藏平和地回答："你的两只眼睛都盯着第一流的剑手，哪里还有眼睛看你自己呢？成为第一流剑手的先决条件，就是永远保留一只眼睛看自己。"

一流的教师也是如此，那就是留一只眼睛看自己，时时与自己的内心对话，反思自己的所得所失，记录自己的所思所悟。

一个喜欢读书的人，品格不会坏到哪去；一个有问题意识的人，研究水平不会低到哪去；一个有反思品质的人，实践能力不会差到哪去。

美国杰出的演讲家丹尼斯·威特莱曾经说过这样一句话："只要你还嫩绿，就会继续成长；一旦你成熟了，就开始腐烂。"一个人老去的标志，绝不是老成稳重、沉默寡言，而是不肯再尝试，不肯再容许自己置身不熟悉的境地。

我想，只要保持一颗年轻的心，心向往之，身体力行之，就会有鸟语花香，桃李芬芳。

（本文原载于2017年1月《教育文汇》，略有改动）

今天你反思了吗?

一次与一位在中学任教的老师聊天,他的讲话令我惊讶之余又深省不已。这位教师从教近二十余年,他说他现在早已是高级职称,课堂教学也趋于成熟,常规管理领导欣赏,日常教学学生满意,一切似乎都比较完美,但总是有这样一种感觉,突然之间生活失去了目标,不知道该何去何从。他问我这是不是传说中的职业倦怠,今后他该怎样提高自己的职业修养和专业能力。

其实生活中与这位同行有一样困惑的人还有很多。这种现象具有一定的代表性。我没有正面回答他的问题,只是问他:“与二十年前相比,你觉得过去与现在有何差异?你现在的职业规划是什么?你未来的专业发展目标定位是什么?”

事实上,生活阅历就像滚雪球,随着年龄的增长,越来越厚重,越来越充实。对于教育者而言,追求无止境,学习也无止境。开展自我反思研究是促进教师专业发展,缓解教师职业倦怠的有效途径之一。

每个教师的成长大都会经历这三个阶段,即学习模仿阶段、发展提高阶段、探索突破阶段。对于大部分教师而言,很多人都滞留在前两个层次,要想跨越到最后一个阶段,反思是一条便捷的路径。

美国心理学家波斯纳提出:经验+反思=教师成长。没有反思的经验是狭隘的经验,至多只能形成肤浅的知识。如果教师仅仅满足于获得经验而不对经验进行思考，那么他的发展将大受限制。

何谓教学反思？教学反思就是教师以自己教学活动过程为思考对象，来对自己所做出的行为、决策以及由此产生的结果进行审视和分析的过程。

叶澜教授说："一个教师写一辈子教案不一定成为名师，如果一个教师写三年教学反思就有可能成为名师。"反思就是自我反诘与主体建构。自我反诘就是教师主动地、积极地、自发地去思考课堂教学的预设、目标的达成、资源的利用和学生的发展等。主体建构就是基于问题的分析去重新建构促进学生个性发展的教学模式和自我专业成长的最佳途径。

反思自己的教学过程要以一定的教学理论做指导。反思的过程是一个自我解剖的过程，同时也是一个不断自我学习的过程。坚持反思自己的教学观，反思自己的学生观，反思自己的管理观，将自己对教学和生活的思考以文字的形式记录下来，不知不觉中这种点滴的积累就是收获与成长。

坚持自我反思的两种最佳方法就是写下来和说出来。写下来能让模糊思维精细清晰，说出来能让思想逻辑得到清晰表达。当前，撰写教育博客是写出来的常见形式。将博客作为自己成长的记录袋，随时记录下自己教与学的轨迹，记录下教与学的喜怒哀乐。说出来就是常与同伴交流，分享与倾诉自己对教与学的感动与幸福。

今天你反思了吗？你坚持学习了吗？这就是我回答那位同行疑惑的答案。

（本文原载于2011年7月27日《新安晚报》，略有改动）

适合的课程才是最好的

开会的时候，有同事说学生中有个玩笑：什么是学校里最一成不变的东西？答案是课程表。乍听未明白，后来想想这里面有两层含义。一是语文、数学是课程表中“老大”，永远是“万众瞩目”。其他学科虽然在那里，有时候一不小心就是语文、数学的“菜”，特别是遇到期中、期末或是毕业临考之际；二是我们的课程内容比较单一，虽国家课程丰富，但校本特色课程相对匮乏。你爱或是不爱，“课程表”都在那里，不离不弃。

给孩子适合的教育，让孩子喜欢自己在学校学习的东西，这就是课程。“课程”这个词最初源自拉丁语，意思是跑道，也就是学生学习进程，但不同专家对其有不同定义。如课程就是学科和教材，课程就是知识和经验，课程就是生活，课程就是活动。我倾向于教育学上那个解释，课程就是学生在校学习的所有学科综合及其进程和安排。现在的问题是：国家课程多，校本课程少；必修课程多，选修课程少；学科课程多，活动课程少。造成这种情况的原因很多，主要有：中高考指挥棒的影响，考的多学，不考的少学或不学；校长、教师和家长的观念以及社会的氛围影响；缺乏因地制宜、以人为本的特色课程；等等。以往我们国家的教育过于注重智育，注重学生的知识学习，大部分学校都在乎学生的学习成绩，因此，教师的压力大，他们不得不把学生留在教室里。学生做题的时间多，做事的时间少，所以缺少实践性的练习。

部分学校的现状是，大班化教学，国家课程一刀切，密度大，一周的课时和任务量就在那里，不完成规定课程，担心学生“吃不饱”，从而导致学生考不好，影响学校声誉。有些校本课程开发并非出于学生实际发展需要，而是为了评估或是其他原因，还有的就是教师在开发课程时比较盲目，缺乏顶层设计和专家指导。实际上，教育改革在进入深水区以后，校际竞争的核心就是课程。谁跑在前面，谁走得最远。如何整合国家课程，增删添补？如何开发基于校情实际的校本课程，让学生喜欢？如何立足核心素养，使其系统化和个性化？都是值得研究的课题。现在有的学校尝试“课程超市”和课后三点半的社团活动，笔者认为是很有意义的实践。

爱玩是孩子的天性，把孩子的天性磨灭掉的教育不是成功的教育。如果我们只是把孩子当成学习和考试的机器，没有想到他们也是有思想有需求的人，那么，当他们把所学的东西都忘掉，剩下的很可能只是一片空白。

课程是教育发展的方向。实施适合教育课程的主阵地是课堂。课堂是教师与学生的对话空间，教师是直接实施适合教育的主导者。对于教育教学中出现的哪怕是一个微不足道的现象，我们都要想想为什么会这样？学生从中学到了什么？课堂中最精彩的片段是什么？课堂上最焦虑不满时是什么时候？如果重新上这一节课将如何改进？或许这一系列的反思，可以使我们拨开迷雾，看清“庐山真面目”，并逐渐成熟起来。

道技并举，智慧共生

十八般武艺样样精通是古人学武的一种境界。倘若使惯了刀枪，学一些剑戟也是好的，所谓技多不压身。

“道”和“技”之间，前者是修身养性的沉淀，后者是厚积薄发的积累。“道”是观念和规律，“技”是方法和手段。譬如评价一个人德艺双馨，既是对才能的肯定，也是对人品的赞赏。

每位教师，都想上一节精彩纷呈的课。所谓精彩纷呈就是互动积极、目标达成、智慧生成。要实现这样的教学效果，现代信息技术与课程的融合是一个很好的支撑。

区内开展中小学教师智慧课堂大赛，邀请我去当评委，这真是一次很好的体验。在智慧课堂中，“电子书包”是一个重要的载体，利用“互联网+”的思维方式和大数据、云计算等新一代信息技术打造了富有智慧的课堂教学环境，在教学设计、评价反馈、交流互动、资源推送等方面实现了数字化、智能化，促进了传统课堂教学内容与方式的全面变革，为智慧的教与学搭建了交流学习的平台。

当下，对于智慧课堂还没有一个完全成熟的定义，就像说一个人是否聪明一眼就能看出，这具有先天性；而一个人的智慧通过三言两语难以表现出来，主要看他后天的学习和思考。智慧课堂应该是信息技术手段和课程内容的自然的深度融合，教师在人机交互和即时反馈中，不断思考，不断改进，从而促进了学生素养的提升。

智慧课堂是智慧教育的关键和突破点，而智慧课堂的目标指向是通过精准化的教学和个性化的学习促进师生的智慧发展。听了智慧课堂大赛的几节课，发现以下两种现象。一是采取翻转课堂形式，先学后教，当堂训练。课前学生观摩微视频完成进阶练习任务单，课中检查反馈，师生交流分享，解惑答疑，课后强化复现，巩固提高。二是依托电子书包，辅助课堂教学。电子书包的特点是资源推送快，互动积极，反馈及时。老师们勇于尝试，大胆创新，精神值得称赞。任何事情都需要第一个吃螃蟹的人，毕竟智慧课堂的模式和道路还在摸索中。

不过，在实践智慧课堂的路上，还有一些问题值得思考，如：课堂翻转之后，与传统课堂的区别在哪，不是仅仅上成练习讲解课。使用电子书包如何提高课堂效率？课前的微视频能否在语境里精炼呈现知识点？任务单的设计如何实现从低阶思维到高阶思维层层推进？技术手段如何自然融入且恰到好处，而非简单地叠加堆砌，或是偏离主题的炫技？

说来容易做起来难。技术改变生活，让一切变得简捷便利。把技术运用到课堂教学中，优化课堂教学结构，提升课堂教学效果，未来还有很长的路要走。虽然不是所有的坚持都会有结果，但坚持总能从冰封的土地里培育出怒放的蔷薇。只要我们继续坚持和摸索，就会闻到阵阵花香。

课堂的智慧

“日月光华，旦复旦兮”，源自《尚书大传·虞夏传》，这是复旦大学校名的由来，其意是自强不息。丁酉暮秋，与全区40位教科研同行深入复旦大学，开展为期一周的高端研修。其间，聆听了专家讲座，走访了沪上名校，受益良多。

徜徉在光华楼前的草坪，流连于阳光从指缝中穿过，踏过燕园斑驳陆离的苔痕，驻足凝望木匾老校门的沧桑，感受相辉堂深厚的人文底蕴，这里是莘莘学子梦寐以求的地方。复旦大学有三宝：校园、校训和校友。复旦大学的校训是“博学而笃志，切问而近思”。顾名思义，学校希望复旦学子要做到博览群书，学有所成；要坚定志向，不耻下问；要勤于思考，勇于担当。此外，复旦大学还有人生的新三宝：一支笔，随时记录下自己的人生感悟；一块表，做好自己的时间管理；一个化妆包或一个剃须刀，做好自己的形象管理。复旦学子，既要修行，也要修心；既要耐得住寂寞，更要守得住清贫。

印象最深的还有来自深圳的程红斌校长所做的《创建有文化含量的智慧课堂》专题报告。程校长是我们的安徽老乡，去年在上海交通大学，也曾听过他的讲座。他总是那种不紧不慢，不卑不亢，斯斯文文，慈眉善目的学者模样。

课堂的智慧是什么？是教师，是学生，是教材？都是，也都不是，是三者之间的融会贯通，是教师在深入解读文本，了解学生基础上的互动交流、思维发散、情感交融和文化沉淀。程校长认为一堂好课的组成要素是教学技巧和课堂管理，但是仅仅靠教学技巧和课堂管理是绝对上不出一节有智慧的课。智慧课堂需要教师有深厚的学养，需要教师对课堂有深刻的理解，需要教师具有批判性思维。智慧课堂要把教材还给教师，把学习还给学生，把思考还给师生。程校长把课堂教学分为三个层次：规范课堂，高效课堂，智慧课堂。他通过对具体事例的分析，旁征博引，深入浅出地阐述了每一种教学层次的特征。规范课堂的三个维度是目标适当、内容恰当、方法得当。高效课堂的三个维度是目标精确、内容精当、方法精准。智慧课堂的三个维度是思维度更高、开放度更高、文化意味更高。

智慧课堂要实现“三动”，即主动、互动、灵动。美国教育家彼得克莱恩说，学习的三大要素是接触、综合分析、实际参与。主动课堂，主要培养学生的自主学习和迁移能力。教师在传授知识的时候，不是把知识直接呈现在学生面前，而是提供案例、问题和情境，让学生主动感知、体验、实践、交流、建构和拓展，引领学生养成主动学习和独立思考的习惯。

苏霍姆林斯基说，学校应当像一块磁石，以自己有趣而丰富的生活吸引学生。换言之，课堂应当像一块磁石，用自己有趣而丰富的活动吸引学生。互动课堂主要培养学生的探究和表达能力。在教学过程中，学生是一个积极的探究者，在师生、生生、师生与教学资源的互动交流中去发现问题、分析问题和解决问题。

歌德说，流水在碰到抵触的地方，才把它的活力解放。灵动课堂，主要培养学生的质疑能力和创新能力。教师通过开展创造性的活动培养学生独立思考的能力和求新求异的勇气，让学生在探究中体验学习的快乐，在学习过程中生成课程资源，提升创造力。

学生普遍存在思辨缺席症，即我不在场。90%的课堂都是老师带着学生去找标准答案的过程。杜威说,我们具有一切知识而迷了路。一堂好课,要能让学生打上一个一个问号。困惑是思考不可或缺的刺激,就像海水拍打礁石才能激起浪花。把学校打开,把课程打开,把课堂打开,才能激起学生思维的浪花。教师不敢打开课堂的原因,也许是担心驾驭不住。关于教学方法,学者黄炳煌有一个生动的比喻。他说,打高尔夫球是自己打,打网球是两个人对打,打篮球是团队合作。在我们的课堂上,老师经常采取的是打高尔夫球式的教学方法,也就是有去无回的教学法。

课堂是什么?课堂是学生学习的场所,也是育人的主渠道。日本佐藤学在《静悄悄的革命》中提到学习是一种群体性行为,提倡课堂应该追求的是用心地相互聆听的教室而不是发言热闹的教室。佐藤学先生以他丰富的经验、执着的追求和成功的案例再次提醒了我们,要改变教育务必从改变自身开始,让相互倾听成为一种教学常态。从学生的角度看,特级教师顾泠沅先生总结了"四该",即该听的听了没有,该说的说了没有,该想的想了没有,该做的做了没有。

课堂的最高目标是让学生思维发散、自由思考。杜威说,不断改进教学方法,唯一的直接的途径,就是把学生置于必须思考、促进思考和考验思考的情境之中。比较与评价是批判性思维的核心。过去,教科书是学生的世界;现在,世界是学生的教科书。苏格拉底说,没有一种方式比师生之间的对话,更能提高沟通能力,更能启发思维技能。

思维可以改变世界,思维的变革可以引发社会的变革。教育的最终目的是促进学生的思维得到发展,而唯有创新型教师才能培养出有创新思维的学生。

(本文是区教科研主任赴复旦大学培训后的心得)

看五遍自己演过的电影

有一次，梁朝伟、刘嘉玲和其他几位演员参加国内某知名媒体的访谈节目，主持人问在座的演员：“你会看自己之前演过的电影吗？”

有人说：“几乎没看过，因为太忙了。”

“偶尔会看看，找找一起拍戏时的美好回忆。”另一个人说。

“拍完之后我都会看一遍，从中总结自己的不足。”还有人说。

当主持人转向梁朝伟时，他却转向观众问：“你们觉得我会看吗？”

“会！”台下一片欢呼。

“我会看几遍？”

下面的观众纷纷举手回答：“两遍。”“三遍。”还有人高喊：“四遍。”

梁朝伟微笑着说：“你们都错了。每部电影拍完后，我都会看五遍。”

“为什么要看那么多遍？”主持人很好奇地问，“每次都看些什么？”

“为自己一遍遍挑刺。”梁朝伟回答说。

“第一遍看自己，看删掉了哪些。”

“第二遍呢？”主持人问。

“第二遍还是看自己，看演得怎么样。”

“第三遍呢？”主持人接着问。

“第三遍看别人，学习别人的表演。”

“那第四遍呢？”

“第四遍看故事架构。”

“第五遍?”

“第五遍看灯光画面那些细节。”

台下鸦雀无声,随即爆发出雷鸣般的掌声。

难怪,刘嘉玲说梁朝伟是个戏痴:“戏都结束了,他还在研究剧本。”梁朝伟最喜欢挑自己的刺,拍吴宇森的《喋血街头》时,他对表演不满意,在家哭了三天。拍王家卫的《阿飞正传》时,他对表演不满意,回家就拖地。就因为如此专注,梁朝伟演技突飞猛进。王家卫说:“伟仔单用眼睛就可以演戏。”李安说:“梁朝伟光用背影就可以演戏。”梁朝伟取得了成功。他曾经五次获得香港金像奖最佳男主角、三次台湾金马奖最佳男主角和一次戛纳国际电影节最佳男演员。

有一年,在《艺术人生》栏目中,朱军问:“许多人说你已经不是一个演员了,说你是一个艺术家。你怎么看?”梁朝伟回答:“我不是艺术家,我只是一名演员。”对于这一点,刘德华也万分钦佩:“我觉得梁朝伟很伟大。我还是一个艺人,他已经是一名演员了。”当被问到对今天的成功有何看法时,梁朝伟说:“我理解的成功,不是衣食无忧,不是获奖无数,而是你能否真正享受每一次努力的过程。”

喜欢做事。做自己喜欢的事情。一生做好一件事。专注于做自己喜欢的事。每一个成功的背后都包含着汗水和心血,都是通过不懈的努力换来的。

很多人不知道,梁朝伟看一部电影通常会看五遍。这种挑刺的精神,事实上就是一种自我反思的品质。

看五遍自己演过的电影。从梁朝伟的故事中不难看出,即便已经是一个优秀的演员,他仍然不断加强学习,寻找自己的不足,不断寻求改进。学习可以让一个人变得优秀,反思可以使一个人变得更强大。

一个人的付出和他的成就一定是成正比的! 即使现在还没有看到,

未来也会显现。生活不会欺骗每一个努力的人，你读过的书、走过的路和遇见的人，体现了你的人生格局，决定了你未来的人生境界。

身边有两位老师，曾参加一个省市的优质课大赛。一个发生在十年前，一个就发生在最近。这类比赛都是百里挑一，甚至是千里挑一，都是通过学校、县区层层选拔出来的优秀代表。十年前的那一位老师在代表合肥市参加省赛的前一个晚上，我和她学校的校长、教研组长以及另一个老师一起扮演学生，为她模拟课堂情景再现，一直到凌晨两点，最后她获得了省教坛新星称号。此后的每一次教研活动，这位老师都非常严格地要求自己，无论是上课还是培训，原因是她认为不能辜负这份荣誉。所以，荣誉既是压力也是动力。另外一位老师近日参加了省市优质课大赛，内心不太自信，其实她有这个实力。我们一直鼓励她，"你能行的"。世界上最怕的就是"认真"二字，认真的人改变自己，执着的人改变命运。

成功就是享受每一次努力的过程。卢梭说，人所经历的沉浮挣扎和痛苦潦倒都是对他的磨砺，总有一天他会得到累累硕果。不断地学习，逐渐地积累，持续地反思，悄悄地嬗变，有一天，你会变成自己喜欢的样子。

依托信息技术，优化课堂教学的思考

《国家中长期教育改革和发展规划纲要（2010—2020年）》中明确指出，信息技术对教育发展具有革命性影响，必须予以高度重视。因此，21世纪优秀教师的一个基本素养就是要能熟练运用现代信息技术辅助课堂教学，并依托信息技术来优化教学方式、学习方式和文本的呈现方式，提高课堂效率，从而促进教学方法的改革，帮助学生建构信息时代的能力结构。

何谓信息技术辅助课堂教学？简而言之，就是以多媒体和网络数字化技术为支撑，发挥现代信息技术集声音、图画、文字、动画、音频和视频于一体的特点，来激发学生的兴趣，最大限度地提高学生学习效率和课堂教学效果，进而提高教学质量。

那么现代信息技术具有什么特征呢？简而言之，现代信息技术具有五大优势。一是创设教学情境；二是化静为动，让静态抽象的文字动起来；三是变不可见为可见，让微观的世界显性化；四是变抽象为直观和形象具体；五是可以模拟虚拟场景，促进学生利用资源去自主、交互和探究学习。概括而言，笔者认为，现代信息技术具有演示直观性、反馈及时性、界面友好性和交互科学性四大特点。它能将复杂的知识简单化，枯燥的规则趣味化，具体的理论显性化，交互的操作探究化。

依托现代信息技术辅助课堂教学，首要关注的就是融合点。何谓融合点？融合点就是影响达成有效教学目标的那些关键因素和教学环节。通俗而言，也就是运用多媒体技术来解决常规教学手段所不能解决的重难点。

对于教师而言，掌握技术手段的操作是基础，能否根据教学内容和教学目标的差异来把握住融合点是核心。举一例论之，这节课选自新目标英语教材七年级下 Unit 11 What do you think of game shows？教学重难点是让学生了解不同的电视节目（如：肥皂剧 soap operas，纪录片 documentaries，卡通片 cartoon movies，体育节目 sports shows 和喜剧 sitcoms 等）以及表述观看节目的感受（主要句型是 I love it. I can't stand it. I don't mind.）如果单纯地讲授，学生很难在短时间内理解并消化这些生词。授课教师罗老师在设计中很好地把握了教材内容和目标要求，通过歌曲热身，介绍自己的爱好进而师生互动，创设问题情境，引发学生思考自己的业余爱好，从而自然导入“电视节目”这个话题。在学生难以理解的生词和句型教学中，教师独具匠心地选取喜闻乐见的节目片段依次呈现，有姚明 NBA 篮球片段，有开国大典的纪录片，有韩剧片段，此外教师还补充了课本上没有的脱口秀和广告节目等，这些内容与学生生活实际紧密结合，学生有话可说，有话能说，有话想说，积极踊跃发言，课堂气氛活跃。整堂课信息量大，节奏感强，充分发挥了现代信息技术的优势，同时学生运用语言来做事情的能力得到充分体现，课堂效果毋庸讳言。因此，要把握好融合点，教师要抓住以下六个要素：一要领悟课标理念；二要凸显学科特征；三要吃透教材；四要紧扣目标；五要突出重点，突破难点；六要掌握有效的技术支撑。

运用信息技术手段辅助课堂教学是时代发展的呼唤，也是现代教育的改革的大势所趋。但在依托信息手段优化课堂教学过程中要注意以下现象：一要防止喧宾夺主，囫囵吞枣。电教手段并非越多越好，避免从“人灌”走向“电灌”的尴尬境地。二要防止画蛇添足，狗尾续貂。如有的老师习惯在课件中呈现答案时辅以“子弹、哨音”等尖厉的声音或是呈现一些有趣却与主题无关的动态小插件，容易分散学生的注意力。三要防止蜻蜓点水，轻描淡写。把信息技术作为点缀的花瓶，没有发挥出应有的效果。

综上所述，信息技术是传递信息和优化课堂的有效手段。教师在深入挖掘教材的重点、难点、疑点、易混点和新旧知识的衔接点基础上，既要用足、用好、用齐，也要适当、适时、适度。

关于新课程改革的几点思考

教育部副部长陈小娅曾说过，课改不改不行，失败也不行，要积极稳妥地推进。应该说自2001年实施新课程改革以来，我市的教育教学教研状况都有了可喜的变化。这种变化体现在新课程实施的保障体系、教研制度的转变，教师的教学观念、教学方式和教学行为的转变以及学生的学习方式的转变上。准确把握教改理念，科学理解基础教育课程改革纲要是顺利进行课改的关键。据安徽省教科所制定的“素质教育与中小学课程、教材情况调查问卷”在我区抽查结果表明：对实施新课改的态度，在校领导和教师中，有近100%的人表示赞成，表示反对或持无所谓态度的几乎没有。在教学资源的使用上，改变了传统“一书（教科书）、一笔（粉笔）、一鞭（教鞭）走天下”的旧状，更多的教师投身到新课改实验中去，积极运用现代信息技术与多媒体辅助教学，开展网络平台下的学科教学；挂图、实物、模型、图片使用频率大幅度增加；此外，对校外资源，如互联网、科技馆、博物馆和校外图书馆的利用率也有明显提高。教研活动呈现多元化发展的趋势，传统的“集体备课，讨论交流”向“课改讲座、校际的研讨课、示范课、观摩课交流”转变。在教学方式上，教师不再是高高在上的“传道、授业、解惑者”，传统的“你讲我听，你写我记”的讲授式正向“师生，生生互动”的探究式转变，教师的角色由“统治者”向“组织者、引领者、助学者”过渡。在学习方式上，更多地采用体验、实践、参与、合作与交流的方式，意在培养学生的创新精神和实践能力。目前，经过省、市、区多轮课程、教材培训，市区绝大部分教师都能做到转变角色、转变观念、转变功能，树立符合新课改理念的行为观和教学观。

新课程改革是社会发展的需要。每一次改革，社会都又向前迈进了一大步。笔者曾与我市某知名中学一历史教师交流，他说新课程改革就如同辛亥革命，革命成功了，民主共和的观念深入人心。改革是对传统的挑战，改革必然会带来诸多的不适应，但中国是教育大国，城乡之间有差别，教育发展尚不够均衡。新课程在进入由点上实验到面上推广的关键阶段，许多新问题、新矛盾凸显了出来。笔者以为，目前对新课改有制约作用的因素主要有以下几点：(1)传统教育观念的沿袭与惯性的冲击；(2)师资队伍整体素质的制约；(3)新课改发展与配套评价体系滞后之间的矛盾；(4)部分农村地区课程资源的匮乏。以初中英语教学为例，目前合肥市采用的人教版新目标英语教材，使用这套教材的初中生在小学阶段英语必须要有一定基础，掌握600—700个词。教材理念新，内容实，形式活，紧跟时代前沿，对市区学生使用没有太大难度，但对农村中学而言，小学阶段的英语学习相对比较薄弱，使用这套教材就有拔苗助长的嫌疑。此外，课改倡导建立形成性评价与终结性评价相结合的多元化评价方式，这相对过去的一考定终生是一种进步，但现行的评价体系尚嫌稚嫩，不够完善。今年安徽省课改实验区中考首次将综合素质评价结果纳入初中生毕业升学依据之一，并以等级的形式呈现，这种做法很好。但具体到操作层面，实证材料的收集、学生成长记录袋的建立、五个纬度几十个关键表现的衡量和评价标准，还有待接受时间的检验。

要让新课程改革的理念完全深入人心，真正在课堂落地，下一步我们要努力做好以下几个方面的工作：

一要进一步加大教师培训力度。在培训中既要关注理论知识的集中讲授，更要聚焦课例观摩的现场实践和交流点评。通过理论指导实践，将自己的具体教学实践上升到理论高度。通过专业引领、同伴互助和自我反思的方式,帮助教师提高素质,进而提高教学质量。

二要大力挖掘有效的教学资源。建立学校、家庭、社会三方共同参与,共同管理的立体化教学管理体系。发动学生自制教具,带动家长收集资源,同时注意资源的积累、保存和更新。这在一定程度上可以缓解部分地区课程资源匮乏的窘状。

三要建立完善的教科研体系。教研机构要加大与中小学的联系力度,及时发现新课程改革中的难点、热点和焦点,给教师提供智力支持,对教师提供理论指导,提高教师教学技能,促进教师专业和科研能力提高。

(本文原载于2005年9月《合肥晚报》,略有改动)

如何留住他们？

与一些来自县城教师进修学校的领导交流，了解到这样一种现象，有点触目惊心。目前不少农村中小学教师缺编现象严重，乡村小学留不住教师。有的年轻教师大学毕业招考录入后被分配到乡下的小学，特别是山区偏远的地方，往往时间不长，就跑到大城市另谋高就了。现在农村的办学条件虽然有所改善，但还是比较艰苦，尤其是偏僻遥远的农村小学，交通不方便，学生大学毕业后，本来踌躇满志，到实际工作地方以后，往往是理想很丰满，现实很骨感，于是待不了多久就辞职。是责怪这些“天之骄子”耐不住寂寞，缺乏吃苦耐劳的精神和为理想奉献的品质，还是因为现实条件太残酷，艰苦环境打败了人的美好愿景？

与同行的朋友聊及此事，我提到时下流行的说法：感情留人、事业留人、待遇留人。朋友说：“待遇留人最现实，但是做不到。教师的工资都按照职称走，就那些。温饱没问题，对新教师而言，也没有太多结余。至于感情和事业留人，那都太高大上了，在农村实现这些追求挺困难的。”听完一席话，突然很无语，总想辩白点什么，却感觉好无力。朋友笑着说：“你在大城市工作，教师的工作和生活条件都好很多，不了解农村有些地方还很艰苦。”虽说当下办学水平和硬件设施提高了不少，但确实还存在这样或那样的困难。特别是一些在城市长大的孩子，离开“象牙塔”，一下子分配到农村小学，不能完全适应，很难坚持下来。

接着，朋友聊及最近读到的一篇题为《我是范雨素》的文章，这个来自湖北的北漂女性，蜗居在京郊的乡村，给别人当月嫂，独自抚养两个未成年的孩子。日子过得艰辛，但苦中作乐，闲暇之余，爱写文章。范雨素在文中这样描述自己："我过去从没写过东西。现在写写小说的目的，就是觉得活着就要做点和吃饭无关的事，满足一下自己的精神欲望。"

为什么现在大学生不能向范雨素学习？历尽沧桑饱经磨难仍然坚持梦想呢？朋友笑着说，这种想法太理想化了，生活的一地鸡毛比梦想的风花雪月要残酷得多！

毋庸置疑，每个人都有追求美好生活的愿望。离开，是为了物质生活条件有所改善；不离开，是因为对教育的热爱和内心的坚守。

面对现状，我陷入沉思。思考如何留住乡村教师？

首先，"加大教育投入"，不能只是一句空话。这往往与地方财政收入息息相关。拿招聘教师来说，某农业大县总人口一百多万，2016年招考教师650人，这个基数看似很大，但去掉当年退休和调离的教师，净增教师人数只有65人，杯水车薪，实在很少。

其次，"提高教师待遇"，要落实在行动中。尤其是对在农村中小学工作的教师，要给予一定的经济补助，给予评优评先进的政策福利，提供更多外出培训学习的机会和平台，鼓励广大教师到农村去，让他们愿意去，而不是害怕留下。但如何留住人，让教师"安心教书"值得深思。

再次，"营造尊师重教的氛围"，让教师乐教善教。教育是慢的艺术，教师是精神文明的传播者。人与人之间的影响是潜移默化而非一蹴而就。教育不同于医疗，教师不同于医生，医生看病，往往药到病除，几天就能看见效果。教师对人的影响是一辈子的事。我的脑海里，至今还时常浮现小学和初高中班主任的影子，他们教会了我如何去爱，如何自律，如何做人。

目前我国教育工作有"一个中心、两个基本点"。"一个中心"就是立德树人,“两个基本点”分别是提高教育质量和促进教育公平。事实上,这些年教育部推进的义务教育优质均衡发展督导评估认定工作取得了很大的成绩,教育先发地区和薄弱地方的教育硬件逐步实现均衡,但在教师队伍整体水平和结构状况上还存在很大差异,特别是优秀教师流失和优质教育资源不足,都严重困扰了农村中小学的发展。

有人说,未来教育面临的最大挑战,不是技术,也不是资源,而是人的思想观念。因此,人的发展是决定我国教育未来走势的最根本的因素。

在我看来,不管是哪个年代,教育都要拒绝浮躁,都要静下心来。一个人的成长必须要耐得住寂寞,学会享受寂寞,这样才能把基础打好。

从郎平带领中国女排夺冠想起

2016年8月21日，里约奥运会女排决赛打响，中国女排迎战塞尔维亚女排。经过四局对决，最终中国女排3∶1力克塞尔维亚女排，夺得此届奥运会冠军。这也是中国女排在时隔12年后，再次站上奥运会最高领奖台。32年前郎平作为中国女排队员赢得奥运冠军；32年后，作为主教练再一次率队夺冠。

热血沸腾的八月，举国欢腾！我们在为女排欢呼的同时也在为郎平叫好。中国女排成就了她，她也成就了中国女排今日的辉煌。有人曾经问，女排精神是什么？郎平说，女排精神不是赢得冠军，而是有时候知道不会赢，也会竭尽全力；是你一路虽走得摇摇晃晃，但站起来抖抖身上的尘土，眼中依然透着坚定。其实郎平的人生就是对女排精神的最好诠释——人生不是一定会赢，而是要努力去赢。可以说，郎平把自强不息和永不言败的信念带给了中国女排，正是因为她的知人善用、任人唯贤、大刀阔斧的改革，才有了今天中国女排的凤凰涅槃。

好的心态至关重要！在这届奥运会上，进入淘汰赛后的每一场比赛对中国女排来说都是硬仗。首场对阵巴西，双方打到决胜局，在异国他乡，面对巴西观众排山倒海的现场欢呼声，不屈不挠的中国女排最终击败上届冠军东道主巴西，主教练郎平在场边激动地跳了起来。在接下来对阵荷兰和塞尔维亚的比赛中，特别当中国女排遇到困难时的每个关键点，郎平都及时叫暂停，面授机宜，调整队员心态，鼓励大家咬紧牙关，顽强拼搏，也几乎每次暂停后的那一球中国女排都赢了。赛后郎平接受记者采访，她有些哽咽地说："我赛前对队员们说，我们会遇到很多困难，但打一分赚一分，不要去想太多，大家把技术水平和精神状态打出来，自己不后悔，什么结果都能接受。"

让球员更有个性！这是郎平执教与众不同的地方。2008年郎平是美国女排国家队主教练，当年在北京奥运会上率领美国女排夺得银牌，赛后郎平在接受采访时曾经谈到中美两国球员在思维方式上的不同，"我们的球员很少问为什么，她们应有自己的观点。"在执教中国女排后，郎平将自己总结的经验在日常训练和比赛中潜移默化地灌输给球员。比如在训练中，她不会大声斥责某一位球员，而是鼓励球员要勇于表达自己的意见。比赛之余，郎平会带着队员们到处购物。她说："我觉得没什么不好，整天关着她们，除了排球就是排球，这样不行，反正她们不会玩一整晚，累了自然会回来。"

做人要有实力，还要有个人魅力！央视记者白岩松说："有郎平在的地方就有江湖。"对于一支球队而言，要有自己的灵魂球员，更要有自己的功勋教练。中国女排很多球员都有这样的感受，郎指导在训练的时候，她站在哪里，就有强大的气场，不怒自威，让你感到油然而生的敬佩和信服。

一个好教练能成就一支冠军球队！对于教育而言，一个好校长能成就一所好学校！一个好老师也能成就一群好学生！

从郎平身上，我们可以看到，赏识教育很重要！每个人的成长背景和水平能力都不尽相同，"一刀切"的要求会使有些人疲于奔命和失去信心。如果说学生是一粒种子，他可能是玉米的种子，也可能是小麦的种子，学校教育就是要给他们提供适当的温度、养分和水分，让他们自由自在地成长！教育的本质是促进人的全面发展，让每一个人健康快乐幸福地生活，让他们活得有尊严、有质量、有温度。对于教育而言，我们一定要慢一点，静待花开，不能急于求成，揠苗助长。

女排夺冠离不开球员的团队合作和艰苦拼搏，同样学校的发展离不开一支强有力的教师队伍。记得有一次在学校开展校本培训时听到：如果你课间到一个学校办公室去，听到男教师都在闲聊喝酒打牌的事情，女教师都在聊美食或影视剧，那么这个学校教师的整体精神状态堪忧。反而言之，如果老师们更多交流教学中的困惑或上课后的反思，分享读书或听报告的心得，这就比较令人欣喜。

教师的发展离不开教研，学校能急教师之所急，解教师之所需，开展教师培训、课题研究、读书学习、案例分析，给每个老师搭建一个交流和展示的舞台，教师便乐研善教，学生乐学爱问，这样的学校就大有希望。

关于有偿家教的思考

聆听东北师范大学李泽宇教授关于《人文主义视域下的教学行为漫谈》讲座，特别是以"有偿家教"为例谈及现行教师行为失范的话题，引起大家的共鸣。

现在国家从中央到地方的各级教育行政部门，都三令五申地明令禁止中小学教师利用业余时间进行有偿家教活动，但在实际执行中却有不尽如人意之处。有人认为，开展家教培训是对课堂教学的有益补充，学生提高了成绩，学校提升了质量，教师付出了劳动，适当收取报酬，有何不妥？也有人认为，开展有偿家教干扰了正常的教学秩序，有损师德，弊大于利。两种观点碰撞，何去何从？

笔者以为，有偿家教有颇多不妥之处，应该明令禁止，但在具体操作中不能仅以政策层面的"令罚"措施来"堵"，而要分析原因，适当"疏导"，明白得失，使"禁止有偿"变成一种"自发行为"。

李教授在报告中说，开展有偿家教是一种教学行为的失范。后者的定义就是教育者以违背教育规范的手段谋取个性和群体性的功利性利益。首先，分析一下开展有偿家教的背景，我想不外乎以下几种原因。第一，有偿家教是应试教育的产物。学校片面追求升学率，于是压力逐级分解，教师要提高成绩，于是加班加点，采用题海战术。学生是金字塔的底端，好的学生希望再上一层楼，基础差的学生渴望有所进步，家教市场应运而生。第二，家长望子成龙，渴望优质教育。社会竞争激烈，每个家长都希望孩子考高分，跳龙门。第三，教师经济地位较低。虽然实施绩效工资以来，教师经济收入有明显提高，但就社会大环境而言，其经济收入仍不高。第四，教育评价机制的相对滞后。新课程强调要注重孩子的个性差异，使每一个孩子都能全面发展。发展不仅仅是智力教育，还包括品德、艺术和体育等非智力因素。但对后者的评价弹性较大，不好量化，以至于社会和家长的目光往往紧盯智育、比分数，而忽略了很多更重要的东西。

事实上，开展有偿家教会导致很多负面影响。其一，加重了学生的学业负担。学习的过程应该是快乐的，如果一个学生课内的作业尚不能很好消化，每周还要疲于奔命地参加数学、外语等学科的课外辅导，其辛苦可以想象。其二，有损师德形象。正所谓“学高为师，身正为范”“亲其师，而信其道”。教师的言行举止会对学生产生潜移默化的终身影响。问题就出在这个“有偿”上，毕竟辅导学生不等同于商品买卖，学生心目中“高大、伟岸形象”在“孔方兄”面前煎熬，情何以堪？其三，不利于学校的教学管理。有的学科教师忙着办班培训，有的学科教师无人问津，教师队伍不稳定，教学秩序自然会受到冲击。

那么，如何改变这种窘状呢？我想，以下几个方面或许可行。一要加强评价手段的引导。政府从政策层面加以疏导，加快建构完善评估中小学教学质量的指标体系，如何将非智力因素等软指标融入评价标准中，把在素质教育下的评估办学标准落到实处，不以分数论英雄。二要加强舆论监督，推进教育公平。如果校际优质资源相对均衡，教师的有偿家教活动会有一定缓解。三要改善教师待遇，提高教学质量。如合肥市瑶海区教育体育局率先在全市开展“骨干教师联盟”走教活动，让部分学科名师走出去，定向培养几位青年教师，师徒结对，每月单周师傅送教上门，双周观摩徒弟课堂教学，课后开展观课议课活动，此举有效地促进了教师专业成长。区教体局拨出专项资金扶持，各校积极响应支持，使教师能全身心地投入教学研究活动中。

有偿家教，禁与不禁？禁的目的是为了不禁，就如同教的目的是为了不教。外因要靠内因起作用，实际上，以任何手段制止教师有偿家教还只是在末端着力，而非从源头入手。这个源头，就是改变唯分是举，全面实施素质教育。

文化漫谈

去一家饭店用餐，刚一落座，服务员就热情地迎上前来，把菜单送至面前，接着是端茶倒水，让人有种宾至如归的感觉。去另外一家餐馆，隔了良久也没有一个人走过来问候一声，甚至你根本就找不到问话的服务员，更不要说欢迎你了，这让你备受冷落。究其原因，这就是餐馆的服务文化差异。

在学校里也会有类似的现象，有些学校一走进去，师生笑意盈盈，你会立刻感到很受欢迎；而走进另一些学校，会感觉自己像入侵者一样不受欢迎。同样的事情发生在课堂，有的老师时常走到学生中去，授课时激情四射，铿锵有力，学生们听得津津有味，甚至忘记了下课时间；有的老师把讲台当作堡垒和阵地，一节课未离开讲台半步，虽然讲得很投入，但学生们常常心不在焉，哈欠连天。凡此种种，皆是来自学校和课堂的文化差异。

学校文化是一所学校的灵魂。学校文化既是一种生存机制，也是一种解决问题的框架。学校文化对教师和学生的影响是不可低估的！所谓文化，就是一个单位或团队在长期的实践中形成的全体成员共同遵守的价值观念和行为规范。在有的学校，某些工作能够得到迅速推进，某些观点和行为能够深入人心，这是因为这些观点和行为得到了学校文化的支撑。如果团队里的每个成员都愿意履行自己所承担的角色，那么这个团队生存的机会就大得多;如果团队里的部分成员不愿意履行自己的角色,那么这个团队的整体力量就会变弱;如果这个团队里的大部分成员都不愿意履行自己的职责,那么这个团队就会被淘汰。在学校情境下,往往因为执行力欠佳和效率低下而导致班子成员被兼并或更替。

德国教育家斯普朗格说,教育的最终目的不是传授已有的东西,而是要把人的创造力量诱导出来,将生命感、价值感唤醒。文化也是一样,它是人与人之间相互影响之下的一种积极沉淀和传承。比较而言,学校文化更多的是一种精神产品,因为物质层面的诸如环境文化相对容易,一蹴而就,而精神产品的凝练需要薪火相传,非一日之功。

文化本身不是孤立的、静止的、一成不变的,它是动态的、发展的,伴随时代发展与时俱进。就像清朝的审美标准是穿着长袍大褂,民国的时候更多人选择中山装和旗袍,当代人则更喜欢在正式场合穿着西装。

在继承优良传统基础上发扬并创新,顺势而定,着力而为。文化是引领时代前进的旗帜,更是推动社会发展的重要力量。

做会发声的教育“端人”

暑期参加一个学校的校本培训,校长诚邀我现场点评。六位老师从不同角度分享了自己的教育智慧,有读书心得,有案例分析,还有创新设计。老师们讲得精彩,听众听得入神。他们或娓娓道来,或淡定从容,或神采飞扬,或铿锵有力。有一个女教师甚至现场配乐演唱,放飞自我,让我们感受到她将古诗词和音乐融合的教学创新。他们对教育的自信和豪情溢于言表。

“博学善导,点亮星光”,是这场教学分享会的主题。无疑,活动取得了预期的效果。在上台交流前的一刹那,我想起一句话:教师要做会发声的教育人。所谓发声,就是要说出自己的心里话,能把自己的教学心得用自己的语言大胆表达,与人同乐。倘若在表达出来的同时,还能写出来,那就堪称完美了。所以发声既有口头表达的一面,还有书面表达的一面。有的时候,一些老师上课很出色,但却讲不出来,写不成文,不能不说是一种遗憾。

现在社会上人们提到教师这个行业,首先就会用“知识分子”这个词来形容。其实,教师并不都是“知识分子”,有的属于“知道分子”。如果仅仅满足于“传道授业解惑也”,将教师作为养家糊口的职业或者是安身立命的手段,虽然有一技之长,也不误人子弟,但这样的教师充其量就是“知道分子”。“知识分子”与“知道分子”的区别在于,前者会“发声”,有思想和观点，有责任和担当，有批判和质疑的精神，有创新和实践的能力。就像我们说，一个爱读书的教师才能培养出一群爱读书的学生。所以，一个有思想和情怀的教师必然可以影响一批又一批好学上进的学子。

“端人”这个词源于前不久所听的一场国学讲座。教授那天的题目是《正本清源话端人》。“端”在《说文解字》中意为“直也”，有正派之意，指人的品行端正。教育“端人”就是指一个正直善良的人。教授在讲座里引用了不少古文，依稀记得孟子的“富贵不能淫，贫贱不能移，威武不能屈”，孔子的“其身正，不令而行；其身不正，虽令不从”，陈寅恪在王国维墓碑上的撰文“独立之精神，自由之思想”。最后教授用十个字概括了他对“端人”的理解，即自我、自爱、自尊、自律、自觉。自我是一个人对自己的认识和评价。自我不是唯我独尊，自高自大，是一种自我改造和完善。譬如，你所追求的教育幸福是什么？是职称、名利、别人的眼光，还是自我满意、自我认可与自我满足的心理状态？当人们为了物质利益、荣誉地位而奔波劳碌，往往容易迷失自我，陷入“走得太远而忘了当初为何要出发”的泥沼。自爱就是要爱惜自己的身体和荣誉。一个无法自爱的人，也很难真正爱上别人。一个优秀的教师一定是一个有爱心的人，因为爱是教育的源泉，没有爱就没有教育。一个优秀的教师一定是一个以身作则、洁身自爱的人。爱自己，才会爱他人。孟子说：“爱人者，人恒爱之。敬人者，人恒敬之。”也是同样的道理。自尊是自我尊重，实际上，每个教师都希望自己的教学能够得到学生的尊敬、同行的认可和领导的肯定。自尊要有度，过强是虚荣心作祟，过弱就会自卑感缠身。自律就是表里如一，严于律己，人前人后一个样。儒家思想倡导，道德的最高境界是慎独。正所谓：内不欺己，外不欺人，上不欺天，君子所以慎独。这句话看似简单，但生活中真正能够做到却很不容易。自觉是通过一种内在的自省和发现推动外在的学习和改变。当一个教师找到自己专业发展的瓶颈后，就会主动去阅读、写作，或者是争取外出学习培训的机会。

做会发声的教育“端人”，就是做一个能够并敢于表达自己思想和情感的正直教育人。俄国著名文艺评论家车尔尼雪夫斯基说过，你要教育学生成为什么样的人，你必须首先要成为这样的人。

浇花浇根，育人育心。育人先要育己！

（本文原载于2020年11月《教育文汇》，略有改动）

教书的人怎能不爱读书

有人说，教育最大的悲哀，是教师不读书，却拼命地让学生读书。

教书的人不爱读书，这是为什么呢？原因是忙。芸芸众生，忙忙碌碌，大家起早摸黑，为工作、为家庭、为生活、为子女，很少是为了自己。忙碌是这个时代最大的特色，也是拒绝做许多事情的借口。在外打拼一天，和学生“斗智斗勇”搞得筋疲力尽，想着还有作业未批改，课件未做完，新课未完成，于是再也难以挤出时间读书了。

说教师不读书，这句话似乎有些以偏概全了。有的书教师还是认真研读的，譬如教材；有的书教师还是精耕细作的，诸如习题集。除此之外，主动看其他方面书的教师恐怕就不多了，博览群书的也寥寥无几。

人到中年，突然间发现读书的好处，也越来越有读书的迫切。有一段时间，一鼓作气去新华书店买了五百多块钱的经典著作，把那些熟悉的不熟悉的书籍都买来，见缝插针，如饥似渴地阅读起来。于是开始为《雾都孤儿》中奥弗尔的悲惨身世叹息，误入贼窝，历尽坎坷，幸运的是有一个皆大欢喜的大团圆结局；《巴黎圣母院》中吉卜赛少女爱斯美拉达的善良、副主教克洛德的虚伪、敲钟人卡西莫多的勇敢、菲比斯队长的无情，让人看清了雨果笔下的精神世界；还有那在童话中行走的《爱丽丝梦游仙境》，告诉我们人要有点冒险精神。

读书，是一件有趣的事情。教师一定要抽出一些时间来读书。曾几何时，有一种错误的观念在作祟，觉得阅读那些经典巨著是语文老师的事，倘若我是一个体育教师，抑或是数学教师，读这些有什么用呢？其实，归根结底还是功利主义的思想在作怪。对自己有用的就读，看起来好像没有用的就不读或少读。

当下，教师对待阅读的误区有四个，即不读、盲读、躁读、浅读。不爱阅读，心态浮躁，随心所欲，盲目跟风，浅尝辄止，浮光掠影，蜻蜓点水等现象莫衷一是。

读书，应该是一种享受。不是为了取悦任何人！苏格拉底说："这个世界上有两种人，一种是快乐的猪，一种是痛苦的人。做痛苦的人，不做快乐的猪。"人生要有所追求，有追求就有痛苦。没有追求，虽然没有痛苦，可以像猪一样快乐，但也就没有了生活的意义。人与猪的差别是追求不同。饱食终日，无所事事是猪的生活，精神愉悦、热爱生活是人的境界。

读书，是教师最好的备课！一个教师上课时，是带着他全部的阅读史来授课的。一个真正的教师，一定是一个读书爱好者。只有爱读书的教师才能教育出爱读书的学生。很难想象，一个不爱读书、疏于读书或者根本不读书的教师能教育出有责任担当、创新精神和实践能力的人。

教师要学会用"两只眼睛"读书！一只眼睛盯着书中的故事情节和人物角色，另一只眼睛去看书背后隐藏的信息。阅读经典时，要与它的时代背景、作者的写作意图结合起来。读书，实际上是在读一个世界。

读书，要基于需要，但需要更基于生命。读书是日久生情，不要指望读完一本书就能有立竿见影的效果。时间长了，读书的好处自然显现出来了。读书是灵魂的救赎。

思考是读书的生命。读书、思考和写作是教师精神拓荒的三部曲，要做到读思结合，读写结合。好的教师，一定是爱读书、爱思考、爱写作的人。你让学生写下水文，自己也要带头写。读书要有自己的心得，自己的观点，但观点不分对错。读书破万卷，下笔如有神。因此，搜肠刮肚、无话可写是因为读得太少，想得太少。

读书，改变一个人的气质！书卷气是一个教师最好的气质，书香气是一个校园最好的氛围。一个人会读书，可以改变自己的命运。一群教师会读书，就可以改变一所学校的命运。千千万万个会读书的教师，就会改变无数个孩子的命运，进而改变国家和民族的命运。

多一点关爱

一次推门听课时发现这样一个现象，印象深刻。全班41名学生，每两人一组端端正正的地坐在那里，唯有一个小男孩孤零零地坐在教室的最后面。由于听课原因，我与他坐在了一起。因为是不打招呼随堂听课，教师对我们的到来略感惊讶，随后就恢复了镇定。这是一节三年级小学英语练习课，主要内容是讲解课本以及订正基础训练上面的习题，教师的语速较快，全班绝大多数学生都能配合教师的节奏，课堂气氛活跃，学生回答争先恐后，很多学生脸上洋溢着幸福的笑容，我明白他们很好地完成了教师布置的练习。唯有我身边的男孩，他的作业本上是空白，教师在订正时他在胡乱地书写。很多时候，老师已经在讲解下一题了，他还没有完成上一题。我还发现几个“有趣的”现象。第一，小学英语的练习伊始很多都是听力训练，要求学生根据录音来选择恰当的图片，但男孩对简单的诸如“Open the door.”“This is a blackboard.”等句子和短语都听不懂，自然也就无法选择，只能被动地等待教师告知答案。第二，教师在对部分短语进行汉语解释时，他立即在相应的句子旁加注汉语。在讲解过程中，授课教师也不停地走到他身边，检查一下他完成的效果。无奈基础薄弱，他完成的效果不甚理想。

其实他还是愿意学习英语的。虽然课堂上的他总是手忙脚乱、顾此失彼，但他一直在努力跟上教师的步伐。我问他：“为什么作业本是空白?”他回答:“作业本忘记在教室没有带回家。”我问:“那为什么有些简单的选择题都做不来呢?”他的眼圈有些微红,低下头说:“听不懂。”我又问:“你的父母平时可以在学习上给你一些帮助吗?”他回答:“父母忙于工作,也不懂英语。”

孟子说:“人性本善。”人的变化是受到后天客观环境的影响。三年级是儿童英语学习的起始年级,如果在这个时候就掉队,那后果将很难想象。中国是大班教学,教师要真正做到面向全体学生、注重个体差异,是一件非常不容易的事情。从某种意义上讲,做一名负责任的教师,用心的教师比起不用心的教师可能要辛苦得多。对于“他”这样的学生,倘若家长不能给予有力的辅导,那么教师的担子就沉重许多,所以,家长对孩子多一点关爱很重要。其实每一个孩子在主观上都是热爱学习的,如同他匆忙中加注的那些汉语,因为听不懂才需要汉语支撑,尽管这种做法并不值得提倡。。

千万不要贸然给他们带上“问题学生”的帽子。也许我们可以在课堂上给他们一些简单的问题,给予适当的鼓励,保护他们的自尊,让他们不至于被老师和同学遗忘;也许可以给他们找一个合适的同伴,让他们在学习上可以多一个“智力支持”的朋友;也许我们可以与他们的家长多一点交流,请他们在忙于生计的同时,给自己的孩子营造一个更好的学习氛围。

英语中有这样两句谚语:It's easier said than done(说起容易做起难)。Actions speak louder than words(行胜于言)。我们都明白这些道理,稍微付诸一些行动,或许孩子就会有可喜的改观。

辑三 不忘却学习 用心去体悟

学习不仅是明智，它也是自由。知识比任何东西更能给人自由。

——屠格涅夫

毕生保持求知欲，就一定能在自己的重大使命上成就一件事。

——池田大作

你会游泳吗?

前两天去一所学校培训,其间与老师们分享交流了下面这则故事。

哲学家与船夫之间正在进行一场对话。

“你懂哲学吗?”“不懂。”“那你至少失去了一半的生命。”“你懂数学吗?”“不懂。”“那你失去了百分之八十的生命。”

突然,一个巨浪把船打翻了,哲学家和船夫都掉到了水里。看着哲学家在水中胡乱挣扎,船夫问哲学家:“你会游泳吗?”

“不……会……”

“那你就失去了百分之百的生命。”

从这则故事中你想到了什么?

如果说学校是一条大河,有哲学家这样的员工,也有船夫那样的员工,在风平浪静的时候,大家相安无事,各自安好,但遇到突发事件,譬如风高浪急,小船即将倾覆,船夫游泳的技能就显得很重要了。所以,哲学家员工和船夫员工应该彼此尊重,互相学习,取长补短。

当前基础教育课程改革已经进入了深水区,互联网+、大数据、智慧课堂、STEAM教育、核心素养等许多新理念、新方法、新技术层出不穷,教师要学会适应这种变化,迎接未来挑战。如果故步自封,抱着书本打滚,觉得自己懂哲学、会数学就了不起,认为游泳的技能可有可无、无所谓,那就大错特错了。以信息技术手段为例，从PPT课件、希沃白板，到微课、翻转课堂和智慧教育，信息技术对现代教育产生了革命性的影响。如何实现信息技术与学科课程教学的深度融合，让自己的课堂充满生命的活力，值得我们每一位教育同仁认真思考，因此加强学习势在必行。一支粉笔、一根教鞭、一本书的时代已经渐行渐远，"游泳"的技能类似于信息技术手段，看似遥远，实际上近在咫尺。

从另一个角度看，如果哲学家代表了理论，船夫代表了实践，那么教育要将理论和实践相结合。忽然想到"纸上谈兵"这个成语的来历，战国时赵国名将赵奢的儿子赵括，少时学兵法，熟读兵书，夸夸其谈，说起军事来别人都说不过他，于是很骄傲，认为天下无敌，但他死搬兵书，不知变通，后来在长平之战中被秦军箭射身亡，四十多万赵兵全军覆没。就像现在有很多一线教师，课上得很好，但却不会评课，不会写论文，往往知其然不知其所以然。有一次听初中英语优质课大赛课，某位老师让学生默读英语课文的间隙，插播了萨克斯名曲《回家》，乐曲舒缓低沉，学生在乐曲伴奏下静静阅读，时间不知不觉就过去了。课后我问老师你放这段音乐的目的是什么，老师的回答很"巧妙"，因为看到别的老师这样做，所以我也跟着模仿一下。还有位英语老师上《皇帝的新装》一课，结尾设计如下问题让学生联想思考：为什么皇帝在游行的时候，只有那个小孩子说出皇帝没有穿衣服，那些大臣和行人却啧啧称赞？如果那时候你站在游行的队伍里，你会怎么说？当游行结束，皇帝回到皇宫，知道自己没有穿衣服的真相后，他会怎么做？逮捕骗子，奖赏小孩，惩罚大臣，抑或是其他什么行为？这些问题其实设计得都非常好，有利于培养学生的批判性思维能力和创新精神，但执教者虽会这样设计，却不一定知道为什么如此设计。其实教师课堂的每一个环节设计背后都有其理论支撑的源头。当然，在我们生活中，也不乏有许多空头理论家，说起别人来头头是道，却吝惜于对自己的批评。陶行知先生说："行是知之始，知是行之成。”教、学、做合一，实践是检验真理的唯一标准。所以，教书要和育人相结合，教学要和研究相结合，读书要和思考相结合。

从哲学的角度解读这则小故事，哲学家指向生命的意义，船夫指向生命的本体，这里面体现的哲理就是社会存在决定社会意识。没有本体的生命，什么意识都是不存在的。社会意识是依靠社会存在而存在的。

虚怀若谷、谦逊好学的人永远都会受到别人的欢迎，自以为是、目空一切的人肯定遭人诟病。一定不要轻视能力比你差的人，三百六十行，行行出状元。《伊索寓言》中有一则《狮子和老鼠》的经典故事，自高自大的狮子不经意间放走了老鼠，未曾想有一天身陷囹圄，是老鼠救了它。强者也会有需要弱者的时候！生命的意义不在于走得有多快，而在于走得有多远。尊重和信任是基石，合则强，孤则弱！

最后再回到学校这个环境中，作为学校的管理者，最重要的是要发挥好员工的主观能动性，合理配置资源，营造风清气正的教育氛围。哲学家员工要愿意俯下身来，与船夫员工交朋友，学习如何去游泳；船夫员工也要主动向哲学家员工请教，学学哲学和数学知识。正所谓，技多不压身。这样，无论在什么样的环境变化中，每一位员工都能够游刃有余地适应时代变迁带来的挑战。

做个教育的有心人

“生活处处皆学问。”“功夫不负有心人。”“写文章不是一件神秘的事情。”脑海中一下子冒出这几句话来，是我最近几年写些小文章的体会。

曾几何时，还在学校当老师的时候，看见别人发表在杂志上的论文，心中总是羡慕不已，盼望着有那么一天自己的文章也能变成铅字。至今犹记得2001年前后《英语辅导报》初中教师版上发表的题为《初三英语复习教学应试与答疑》文章，采取的是自问自答的形式，即提出一个问题，解决一个问题。其实那时候也不知道怎么写论文，就那样懵懵懂懂地模仿着写，幸运的是文章被采纳了。接着又写了一篇全英语的小论文，内容是有关中英文的跨文化差异，同样发表在《英语辅导报》初中教师版上。后来十几年间，断断续续发表了一系列文章，诸如《思维导图在初中英语课堂的实践研究》《合作学习在中小学英语课堂的实践研究》等。刊物也从报纸走向国家级和省级的期刊，内容方面既有英语类的论文，也有教育类的思考。总体而言，所有文章都是源于学校，源于课堂，源于案例研究，源于教师的亲身实践。譬如，我发表在全国中文核心期刊《中小学外语教学》上的一篇论文，题目是《小学英语阅读教学的有效性研究》，就是观摩全国第四届小学英语课堂教学评比后的反思和体会。

如果说，写文章有什么经验的话，那就是学会做个有心人。

一要有心积累，心有所想。广泛地阅读，细心地收集。宋玉在《风赋》

中有句话说：大风起于青萍之末，浪成于微澜之间。教师要善于观察和思考，对课堂教学和鲜活案例充满感情。诸如听完一节课，要学着发现别人的亮点，为什么别人那样设计，那样设计背后的理论基础是什么。教师的教学研究就像烙油饼，大家在一起做饼子，为什么别人的口感好，自己的却难以咀嚼，是烙饼的方式、刷油的程度不对还是使用的工具有差别？对问题的质疑是论文写作的源头，也是你为什么要写的原因。论文写作不是为了写而写，一定是有了某种冲动，或者是生活打动了你，你要通过文字的形式记录自己的感受和思考。林清玄先生有篇散文《生命的化妆》，化妆的最高境界是自然，就是化妆后跟没有化妆一样。一流的文章是真情实感的自然流露，不堆砌，读的时候不觉得是在读文章，而是在读一个生命。经验丰富的人读书用两只眼睛，一只眼睛盯着表面的文字，另一只眼睛看透文字背后的东西。建议老师们随身携带一个小册子，将听课中、阅读时打动自己的句子、案例及时地记录下来。

二要有心研究，心有所往。心有所往，终至所归。做研究是一条寂寞的路，最难耐。昆曲《班昭传》中有句名言：最难耐的是寂寞，最难抛的是荣华，自古学问欺富贵，好文章在孤灯下。研究什么？研究课标、研究教材、研究课堂、研究教法、研究命题、研究学生……值得去研究的东西很多，选择一两个自己感兴趣的方向去着手，坚持不懈地深入下去，就是成长。“大胆地假设，小心地求证”，是胡适先生在“五四”时期提出来的。“大胆地假设”是要人们打破旧有观念的束缚，大胆创新，对未解决的问题提出新的假设或解决的可能；“小心地求证”则是一种严谨求实的态度，在证明过程中要尊重事实，尊重证据。研究一定要动笔，不动笔墨不读书。林清玄之所以成功，就是因为坚持和勤奋。他每天睡觉前把当天最有趣的事情写成三句话，一直坚持了一辈子。他在解读“仙、俗、佛”字时，有一个有趣的比喻：一个人往山顶上走，就成了仙；一个人向山谷里走，就成了俗人；一个做到非人和忘我，就成了佛。

三要有心写作，心有所恃。心有所恃，行之安然。有感而发，言之有物。一个人广泛阅读，坚持积累，有了写作的资本。一个人摸索研究，尝到甜头，慢慢就有了热情。教师的写作可以有很多方面，如：教育叙事、案例分析和教学论文等。以论文写作为例，论文书写往往有一定的模式，选题、摘要、关键词、正文和参考文献，从规范性上说，缺一不可。题目要准确、简练、醒目、新颖。摘要需要短小精悍，紧扣主题，能概括论文解决的问题以及提出的建议。关键词是论文的研究主题和对象，往往是高频出现的核心词汇。正文常常包括引言、主文、结论。引言是作者的写作意图，选题的目的和意义。主文包括论点、论据和过程，即如何提出问题、分析问题和解决问题的过程。参考文献则是对文章中的引用进行归类。

世上无难事，只怕有心人。有心为之，难也不难；无心为之，不难也难。董明珠在2019年（第十八届）中国企业领袖年会的演讲中说："自逼为王，他逼为臣，不逼为奴。"日拱一卒无有尽，功不唐捐终入海。没有量的积累又怎么求质的改变，凡成大事者都是一步一个脚印走出来的。

人生有两个方向，一是走向心灵的世界，二是走向世俗的方向。做个教育的有心人，向着前者的方向努力吧，当你全身心地投入到教育的热潮中去，工作的快乐已来到你的身边，享受快乐的概念，将得到与生活本身一样广阔的外延。

做个内心欢喜的人

《读者》上刊登过一篇小文章，是作家余华老师和一个厨师朋友的对话，印象深刻，欣欣然有共鸣。

很多年以前，余华与一个厨师朋友聊天。厨师问余华：“怎样才能成为一个好作家？”余华说：“要想成为一个好作家，先要成为一个好读者。”厨师又问：“怎样才能成为一个好读者？”

余华说：“第一，要去读伟大的作品，不要去读平庸的作品。长期阅读伟大作品的人，趣味和修养都会很高，写作的时候自然而然就会用很高的标准要求自己；长期读平庸作品的人，趣味和修养也会平庸，写作的时候也会不知不觉地沉浸在平庸里。第二，所有的作品都存在缺点，包括那些伟大的作品，读的时候，不要去关心作品的这些缺点，而应该关注它的优点，因为别人的缺点与你无关，别人的优点才能帮助你。”

厨师点了点头，对余华说：“其实，做厨师也一样，只有品尝过美味佳肴的人，才能做出好菜。我就经常派我手下的厨师去其他餐馆吃饭，以提高他们的厨艺。我发现总说其他餐馆的菜做得不好的厨师，基本上都没有什么进步，而总说其他餐馆的菜做得很好的厨师，基本进步很大。”

看似简单的对话，背后却蕴含着许多深意。反观我们，作为教育人，一定要多读书，读好书，用诗书气来滋养教师气；多学人长，漠视人短，用别人的长处弥补自己的缺陷；多去实践，少点抱怨，用乐观向上的积极心态去面对工作。

读书实则是练内功，不把内功练好，思考就会零碎、肤浅，难以成为思想。一个没有思想的教师行走于教育路上，犹如迷失方向的路人行走于葳蕤森林，会很累，很焦心，拼命走，到头来却发现一直在原地踏步。而一个有思想的教师，或许也不是一帆风顺，也会磕磕碰碰，但心中已有了方向，只要走下去，就会柳暗花明。

思想的产生不只是靠读书，还要和实践紧密结合起来，形成于思考，而思考的最好方式就是写作。当我们以写作的方式去捕捉教学工作中隐含的现象和信息时，就会不知不觉地积累学识，丰富生活，提升思想。长此以往，一个教师的气质、情怀、内心世界会慢慢变得纯净、澄明、细腻和丰富，我们也会发现，自己在教育舞台上，又站到了一个更高的位置。

读书和写作，不是为了取悦别人，而是为了取悦自己，让自己活得开心。网络上流行这样一句话："我曾提刀上马，浪迹天涯，也曾提笔烟雨，以梦为马。"这话让人听起来激情满怀，热血沸腾。读书是精神上的"提刀上马、浪迹天涯"，写作是现实中的"提笔烟雨、以梦为马"。读书触动人的心灵，下笔才有浪漫的情怀。

读书和写作，需要坚持和执着。每一个成功者都经历过艰难，作家林清玄先生说："我曾经在屠宰场杀猪，很多人没法想象，工作完回到我自己租的小房子里，洗完手后，晚上开始写作。"面对生活的压力，林清玄并没有逃避，而是采取一些方法来完成他的梦想。他还说："必须要用坚强的心来创造一种温柔，必须要在世俗恶化的状态下保有一种浪漫。"白天是生活，晚上是精神。林清玄先生认为，人之所以会美好，来自他的内心。虽然先生现在已经驾鹤西行，但是他的思想渗透在文字之中永葆青春，感动一代又一代人。

学贵有恒！坚持读书和写作，温暖自己，照亮别人。做一个内心欢喜的人，干自己喜欢的事，活出你想要的样子。

教育管理中的“钟摆效应”

小时候家里有一台老式的摆钟，古朴而庄重，放在不大的房间里，既是装饰也算是家具。据说是上辈留下来的宝贝，但它是我童年的美好回忆。滴滴答答的摇摆声伴我走过了小学和初中，至今还记得每当准点到来，摆钟便准确传递光阴的信息，告诉我上学或是晚安的时间到了。

中学时，才了解到原来在摇晃的钟摆里蕴含着丰富的物理学原理，这就是“钟摆效应”。“钟摆效应”告诉我：当一个摆锤所处的初始位置越高，那么根据动能和势能转化原理，它摆过最低点后能够到达对面的位置就越高。

工作后一直从事教育工作，先是担任中学英语教师，现在做教学研究。今天回头想想，这个理论对于学校的教学管理和教师的专业发展都有着深刻的意义。

一个人的发展，关键在于如何给自己选择一个初始位置，这就是“钟摆效应”的本质。如果你的起点高一些，就像摆锤的初始位置，后面的成绩自然也会更加卓越。学校的发展依靠教师的成长，如果管理者多搭建一些有助于教师专业发展的平台，多提供一些学习交流的机会，多开展一些学有所思的教研活动，教师的站位高一点，学校的品味也就会提升一些。

区内有所学校开展“百家讲坛”活动，定期邀请学科教研员和骨干教师来校开展教师培训活动，深受教师欢迎。原因是这样的活动接地气，实践性强，教师听着明白，学了就能用。后来慢慢发展到，教师们愿意自主上台，分享自己的看法。培训活动从统一组织到自发自愿，是从量变到质变的过程。

还有一所学校，每年都举办校园文化艺术节活动，内容丰富多彩，有教师演讲比赛，有学生合唱表演，有教育教学表彰等。活动期间，学校总是想方设法邀请来自全国各地的教育专家来学校讲学、研讨和交流。久而久之，老师们的精神面貌焕然一新，充满朝气，参与教研活动的热情高涨，人仿佛也变得越来越自信。每次有专家来做报告，周边学校的领导得到消息，也会带领教师慕名前来聆听学习。

另外一所学校，校长热爱读书，尤喜《论语》和《学记》。于是鼓励教师成立读书共同体，大家定期聊书，分享学习心得，忙得不亦乐乎。慢慢地，这个团队越来越壮大。刚开始，有的教师还会觉得有压力，担心聊不好或是被笑话。逐渐地，大家习以为常，坚持下来，心生喜乐。有一年学校还为此承办了全国聊书会，来自天南海北的教育人在一起分享读书心得，谈天说地，其乐融融。

人与人之间是会相互影响的，中国有句古话："与善人居，如入芝兰之室，久而不闻其香，即与之化矣。"管理者搭台，教师来唱戏。一堂课，不同的教师有不同的演绎效果，因为每个人的教学经验、知识积累和生活阅历都不尽相同。就像这钟摆，每个人心中的起点都不一样。如果能抓住机会，主观上努力，提升自我的起始位置，那么你就能走得更远。

教师，在行走中成长

早上给一位高中英语教师打电话，通知她做好参加第二天上午区课堂教学评比现场课的准备，彼时她正在赶往另一所学校的路上，言及要去观摩全市高中英语优质课，希望我能把她的课移到下午，这样今明一天半时间她就能够听完所有的市级比赛课。我答应了她的请求，同时也深为这个年轻教师爱学习的精神点赞。

看一个学校的发展，首当其冲是看有无优质的师资，其次才是硬件装备和生源条件等。培养好的教师始终摆在学校发展的第一位。曾任清华大学校长的梅贻琦先生说："所谓大学者，非谓有大楼之谓也，有大师之谓也。"没有好的教师，就没有好的教育。好教师是学校得以发展的灵魂。

教师的精神面貌和学习风气直接影响着学校的校风校貌和办学品位。新课改以来，我们经常说好的课堂里学生角色应该是从"要我学"到"我要学"，教师的研究意识也是同理。如果一个教师把每学期的集体备课、上公开课、听课、读几本书、写反思和论文，都当作被动承受的压力，缺乏主动进取的意识，那职业倦怠就会如荒草丛生，兀自生长。因此，当你看到一个积极参与教研、热爱学习的老师，心中便充满感动，仿佛找到一个同路人。倘若一个团队里每个人或者大部分人都有此积极的心态和行为，那毫无疑问，这所学校的学生是幸福的。

教师的专业成长仅仅依赖热情还不够。有些教师外出听课，听的时候很激动，回想起来很感动，回家坐在车上晃动，到家后一动不动。“动”字是教师专业发展的核心。“动”是行动，是举动，是运动。教师的研究是一种以学科为基础，以案例为载体，以问题为导向，以反思为收获的行动研究。李镇西说：“一个教师的专业成长，无非就是‘四个不停’，即不停地实践，不停地思考，不停地阅读，不停地写作。”前三者相对容易做到，最后一点很难。师者，传道授业解惑也。教师本身就是一个实践者、一个思考者、一个阅读者，但写作是一个教师从优秀到杰出需要打通的“最后一公里”。

不断实践，常读常思。师生相处一段时间，生活中总会遇到一些令人怦然心动的感人故事，课堂上总会发现一些教学实践中的难忘瞬间，但时常被教师遗忘了。倘若能够勤奋地拿起笔，随时把一个个案例故事记录下来，积累足够的教育素材，那么这种写作的幸福感会使你更加热爱思考。唯有笔耕不辍，才能发现教育的智慧，让心灵的泉水自然而然地流淌出来。

问渠哪得清如许，为有源头活水来。只有学习型的教师，才能构建学习化的校园；也只有教师学会学习，才能培养出会学习的学生。

所谓名医，是研究无数的疑难杂症之后练就的“火眼金睛”和望、闻、问、切。所谓名师，是经历无数次教、学、研、思、写之后的厚积薄发和嬗变升华。

成功，需要源自内心的热爱和不忘初心的坚守！

漫谈"三好"

一位"三好"教师应该是文、武、情三全，会上课，善表达，能写作。

读书时代，每学年结束班里都会评选"三好学生"，这是对品学兼优学生的最高表扬。那时候获得一张奖状会欢喜得不得了，觉得特别有成就感。印象最深的一次是大学毕业那年，我被评为外语系的优秀三好学生，学校发两个白色的瓷茶杯作为奖品，有盖子的那种。杯身还印着荣誉称号和名字，这让我骄傲了许久。现在想想，学生时代真的很单纯，也特别容易满足。

这里所说的"三好"就是"德、智、体"俱佳，现在依然如此。不过，今天我想谈谈教师的"三好"，换言之，也就是"做得好，说得好，写得好"。一名教师，首先努力的就是上好课，有实践经验，有研究能力，学生乐学，教师善教。上好课是教师最大的师德。但课堂教学又是一门"遗憾"的艺术，正因为教学有缺憾，才需要反思与研究，唯有不断地研究反思，才能不断地更新自我，不断地完善创新。其次是说得好，口头表达能力强，演讲水平高。譬如听课后敢于评课，有自己的思想和观点，可以承担培训和讲座任务、培训，在自我成长的同时能带动一群人共同发展。最后是写得好，书写教学反思，撰写教育论文，分享教育智慧，表达教育情怀。教师的职责并不仅仅局限于教会学生获得知识和技能，更重要的是传播一种理念，让更多的人主动去思考活着的价值和人生的意义。

教育是培养人的事业！要真正培养出充满个性、情感丰富、思想独立、人格完满、身心健康的人，教师就不能仅满足于授业、解惑，还需承担起传道、立人的责任。立人先立己，教师要完成从教书匠到育人者的角色转变，静心读书、潜心研究是教育路上的两个必备行囊。

只有思想丰满的教师，才能培养出人格健全的学生。只有教师的教育素养达到一定高度，我们的教育才能像心灵的旅行，才能像师生的轻盈共舞。每一个教师，只有既做好“诗内”的功课，又下足“诗外”的功夫，才能真正写出意境高远的教育诗篇。

与智者同行，与高人为伍，与名师对话

不要走在我后面，因为我可能不会引路；不要走在我前面，因为我可能不会跟随；请走在我的身边，做我的朋友。——阿尔贝·加缪

短短一周的培训转瞬即逝，总想写点什么，似乎有太多的东西需要去理解、内化和吸收。这次培训以教科研能力的提升为中心，几场专家讲座的内容也是聚焦如何做好教育科研、校本研究和教研活动的有效性上。孔子说："学然后知不足。"每次聆听专家的报告都是精神的洗礼，所以想到这篇文章的题目：与智者同行，与高人为伍，与名师对话。这也印证了网络上的一句话：和不一样的人在一起，就会有不一样的人生。在现实生活中，你和谁在一起很重要，因为人与人之间是会互相影响的。

特级教师胡明道分享了她对校本研修的理解，我看她准备了很多资料，放在讲桌上备用，这是一种认真敬业和负责任的态度。很多时候，一个专家对着课件侃侃而谈，我惊讶于他们超常的知识储备，他们就是我学习的对象。但对于一个携带讲稿的长者，我更尊重于她做学问的态度，这些讲稿丝毫没有影响到她的大家风范。就像一个教师，带着备课笔记走上讲台，这不是什么丢人的事情。

令我印象最深的，是胡明道老师关于校本研修的十字组织策略——读、借、练、观、评、思、书、研、论、展。

"读"什么？教师读教育理论，在领悟理念中提升认知水平。学校指定书目1—2本，规定时间集体交流，也可以成立读书共同体，漂书共议。

"借"什么？借鉴他人优秀案例，所谓他山之石，可以攻玉。在学习他人成果中领悟反省，举一反三，内化成自己的教学行为。

"练"什么？在课堂实战演练里成长。同课异构、同题异构等都是现在较为常见的教研活动形式。教师要勇于承担公开课，愿意接受来自不同层次观课者的挑剔目光，在积累里不断提升。

"观"什么？顾名思义，就是课堂实地观察。通俗点说，就是听课。胡老师举了许多案例，譬如一节数学课上教师创设如下问题情境，教师提问学生，假如你的年龄的两倍加上3等于27，你的年龄是多少？学生思考一番后回答是12，教师顺势引入"一元一次方程"这个话题。还有一节语文课，教师问学生："大家听过《皇帝的新装》这个故事吗？"学生回答说："听过。"教师问："谁告诉你的啊？"学生说："是妈妈。"教师接着问："妈妈讲过作者是谁吗？"学生一起回答："是安徒生。"教师最后启发学生，今年是安徒生200周年诞辰，很多读者都自发地纪念他。大家猜猜，是大人多还是孩子多呢？学生大都猜测是孩子多。这时教师呈现图片，结果发现图片上是大人多。于是教师说，也许我们在文章中能找到答案。就这样，教师引领学生带着问题去寻找答案了。

"评"什么？师生展开互学互评，在合作碰撞中强化行为。胡老师分享了她的评课16字诀：亮点赏析，遗憾探源，困惑求解，方案再创。

"思"什么？用反思的视角和方法去回顾、筛选、检讨和总结，在自我反诘的基础上不断升华提高自己。

"书"什么？把自己的读书心得、上课观课议课、学习他人的经验积累用笔头写成文字，通过论述表达个人发展的专业智慧。

"研"什么？就是组织课题研究。直面教学实践中的困惑，在解惑探源中发现教育规律，研究教育现象。

“论”什么？就是为教师搭建交流平台。鼓励教师登上讲台分享心得，发表看法，譬如读书交流、班主任经验交流、毕业班质量复习交流、外出学习智慧分享等，都是很实在的举措。

“展”什么？就是展示研修成果。通过教研小报、校园十大新闻、学期（学年）成果统计、校园橱窗等各种途径，宣传展示教师风采，让教师体验教育教学工作的成就感和幸福感。

聆听胡明道老师的讲座，让我感受到教研是有力量的！这种力量就是简简单单、实实在在、一步一个脚印，唯有把常规校本研修工作做踏实了才有创新和超越。

每一个教师都是研究者，我们要用研究的态度和方式来看待自己的职业发展。校园和课堂就是一个小社会，教师的专业成长就是在持续不断的实践和批判性的反思上建构的，让学生的生命在我们的生命中成长，让我们的生命在学生的生命中发展。

常态化教研更多侧重于自上而下的指导式研究，从教师专业化发展的角度看，学校创新校本研修的内容和方式，为教师拓宽了渠道，搭建了学习培训的平台。但更多的是要挖掘开发教师“自我教育”的潜能，让读书成为一种习惯，让交流成为一种享受，让研究成为一种态度，让反思成为一种品质，让写作成为一种快乐，做一个在专业上有思想的引领者！

（本文是区教科研主任赴华中师范大学培训后的心得）

让自己变得更优秀

“好读书，不求甚解，每有会意，便欣然忘食。”这是陶渊明的《五柳先生传》中的文字。虽然没有完全达到那么高的境界，但对前半句深有体会。

最近读一篇文章，虽然断断续续，甚至有的地方还一知半解，但却引发了我无尽的思考。

经常听到有人抱怨，为什么大家同一所学校毕业，走进社会以后，有的人拿了高薪，有的人住了别墅，有的人娶了娇妻，还有的人生活得很幸福，为什么自己什么都没有，或者事事都不如人。黑格尔说：“凡是现实的都是合乎理性的，凡是合乎理性的都是现实的。”处在同样的岗位就要负起同等的责任，人们总是看见别人皮袍下压出的“小”字，而看到自己的都是优点，这样拿别人的缺点来和自己的优点比较显然是不公平的。倘若换位思考，静坐常思己过，闲谈莫论人非，多看到别人的好，多反思自己的过，就不会有类似的感受。

没有敌人的动物容易退化。人类，同样如此。人生需要对手，一个比你强劲的对手，你将从对手前进的步伐中，听到鞭策的声音，时时警醒自己。人生没有对手，生活就像死水，很平静，很安全，却没有生命活力。

我们这一辈子，总会遇到很多比自己优秀得多的人。如果总是遇到比自己差劲的人，那就要反思一下自己的生活状态是不是在不断地沉沦。如果你在前进的过程中总是遇到望其项背的人，那么恭喜你，你就是在不断地进步中。

一个人盼望着升职、加薪，这些愿望从出发点而言，是无可厚非的，也是美好的。但倘若只是一味地空想，甚至抱怨，却没有付诸实际行动，或者遇到一点点挫折就自暴自弃，那就是自己的责任了。

这篇文章中提到美国经济学家、诺贝尔奖获得者科斯先生的经济学理论："只要财产权是明确的，并且其交易成本为零或者很小，那么，无论在开始时将财产权赋予谁，市场均衡的最终结果都是有效率的，实现资源的最优配置。"这被称作"科斯定律"，简而言之，就是谁最合适谁就能拥有。

最早的时候，道路都是给人走的；后来有了马车，就给马车走了；再后来出现了汽车，人行道只占路边的一侧。这就是道路资源的科思定律。谁对道路资源的使用效率最高，谁就是道路的主人。

做一个合适的人，付出才会有回报！没有努力过的人就没有资格去鄙视那些正在努力的人。你不能因为自己变成一个不痛不痒的人，就去嘲笑那些爱憎分明的人。

做一个优秀的人，努力让自己变得更优秀！一个人只有努力了，才会发现自己原来可以那么优秀。书读百遍，其义自见。读伟大的书，汲取营养。与优秀的人交朋友，正所谓"近朱者赤，近墨者黑"，人与人之间是相互影响的。讲好自己的故事，无论是专业交流，还是生活感受，都能无愧于心。记录下自己的生活轨迹，写是一种兴趣，也是一种习惯。常思常写，不是为了成为多么伟大的人，但却可以让平凡的生活多一些味道和情趣。

杂谈语文

早读一篇小文，内容是关于语文教学，其中有句话令人忍俊不禁，发人深省。当代著名学者周汝昌说："语文水平是衡量人的第一标准。"

汉语是母语，语文是国学，其重要性不言而喻。但看现在的补习班，好像初高中学生普遍都是上数理化和英语学科的多，很少听说过哪个语文老师像孔子一样，门徒千人，还有七十二贤人。

并非大家把语文都学好了，其实这与学科特点有关系。与其他学科相比，语文是最需要文化积累的学科，冰冻三尺，非一日之寒。就应试而言，有的科目或许可以速成，短时间内成绩有较大提高，但语文不行。语文与一个人的修养息息相关，就像一个走在路上的行人，他一张嘴你就能听出他的文化涵养。所以，一个人的气质里潜藏着他读过的书和走过的路。

与语文课相比，很多孩子更喜欢上体育课。为什么？可能有以下几方面的原因：爱玩是孩子们的天性。天天待在教室里，偶尔户外活动，既强身健体，又呼吸新鲜空气，最重要的是还没有作业负担。毕竟每个人都会对自己感兴趣的东西更加投入。语文课为何没有体育课这样受追捧，还有个因素就是有些课堂不够活泼，压抑沉闷，教师讲述的多，学生参与得少，孩子的积极性没有被充分挖掘出来。

有人说，一堂好的语文课有三个境界：人在课中，课在人中，第一境也；人如其课，课如其人，第二境也；人即是课，课即是人，第三境也。月前我曾到区内几所小学听过一些语文课，有些课给我的印象颇为深刻。语文课应该是灵动的，首先要把握“情”字，有感情地朗读、品悟很重要，要找到苦吟诗人贾岛那种“两句三年得，一吟双泪流”的感觉。对于课堂而言，要有“情”必须先有“境”。有心理学家说，学生的学习动机和求知欲能否自然而然地涌现出来，很大程度上取决于教师所创设的教学情境。语文课不应该是寂寞的。有的课平铺直叙，学习生词—带读句子—归纳中心思想，规定动作，固定套路，久而久之，学生难免不喜欢。而有的老师三言两语就拉近了师生距离，让学生感同身受，有话可说，课堂气氛活跃。其次要把握“思维”二字。语文课应该是充满活力，没有活跃思考过程的课堂都不是好课堂。一定要让学生想着说，有思考才记忆深刻，才学得有趣。

佛家有个偈子：身是菩提树，心如明镜台，时时勤拂拭，勿使惹尘埃。语文与其他学科一样，博大精深，要想学好，不忘“痴勤”。痴是爱，勤是行，方心如明镜。

听好玩的语文课

名师工作室主持人，同台献艺，敢为人先；

小语学科优秀教师，带头示范，是为表率。

“跨界打劫”，下午聆听了两节小学语文学科市区名师工作室主持人的研讨课，凭借记忆，趁热打铁，写一点“局外人”的感受。

授课教师采用的是今秋统一使用的部编六年级上册语文教材，大通路小学曹刚主任上的是阅读课《宇宙生命的秘密》，和平小学洪雪琴主任上的是口语交际课《请你支持我》。两个人性别不同、课型不同、风格不同，但两节课都让人眼前一亮，耳目一新。

俗话说，内行看门道，外行看热闹。我从一个英语教师的角度“斗胆”评价一二，好在都是语言范畴，按照课程标准的流行说法，都讲究人文性和工具性的统一，都强调言语性，都是运用语言进行交际的过程。

评曹刚主任《宇宙生命的秘密》

曹刚主任这节课讲的是说明文，相对记叙文来说比较枯燥，信息量很大，不易把控，但他驾驭课堂能力强，上课伊始就点明“宇宙”的概念——时间和空间的统一体。接着，通过问题驱动引导学生思考，诸如：宇宙是怎样诞生的？观看了视频里的宇宙片段，你有什么感受？宇宙生命之谜，谜在哪里？等等。在阅读过程中，教师设计了不同阅读任务，令我印象深刻的地方就是教师多次指导学生进行课文旁批，教其掌握阅读方法。

整堂课体现了八个字：自然、自如、自在、自信。教师教态自然，教学方法自如，学生学习自在，授课教师自信。

小学语文部编教材采取"人文主题"和"语文要素"双线并进的编写方式。人文主题是价值取向，语文要素是语言能力、策略和习惯等。这个单元最前面有两句话：一是根据阅读目的，选择不同的阅读策略。二是写个人生活体验，尝试表达自己的看法。一同听课的庐阳区教研室杨立新副主任说这些就是本课的语文要素，也是这节课需要达成的教学目标。

看一节课的效果首先是看教学目标达成与否。这节课的关键是让学生在阅读中领会针对不同的目的选择不同的阅读策略。这些策略融汇在阅读中，兼容并蓄，相辅相成。语文阅读课和英语阅读课有相似之处，都是按照"总分总"的模式，从整体到局部再回到整体。上课的过程中，我突然想，如果是英语课应该如何设计？譬如：是否可以先呈现太阳系八大行星图片，问学生看到什么？银河系在哪里？引出"宇宙"这个话题？通过询问学生对宇宙的感觉，引导学生回答，这是一个开放性问题，但答案基本统一。诸如：广袤无垠，茫茫无际，沧海一粟……宇宙里有生命吗？有。在哪？地球上。地球之外有无什么生命的存在？通过一系列的问题激发学生的求知欲，导出课题。在读书环节，指导学生先了解这篇说明文的结构，文章主要讲些什么？作者是按照什么思路来写这篇文章？答案是：提出问题，分析问题和探究问题。根据这个思路把文章分三个部分，然后针对不同部分采取不同的阅读策略。第一部分即第一段，采取浏览方式找出关键句，也就是最后一句，地球之外是否有生命存在，这是一个吸引人的问题。第二部分，可以采用提取信息、把握重点词语等策略逐一分层处理，譬如：没有生命存在的行星是哪些？为什么没有生命。地球上生命存在的条件是什么？地球和火星的对比，火星上为什么没有生命？等等。最后一部分，让学生畅想人类未来是否可以移居火星，并说明理由。

语言和思维、审美和文化是核心素养下的语文课堂教学指向。语言能力的提高与思维发展，和想象往往密不可分。

评洪雪琴主任《请你支持我》

洪雪琴主任的这节口语交际课条理很清晰，四个部分——"出示案例""模拟训练""自主实践""小结收获"，一目了然。女教师具有先天的语言优势，情感比较细腻，语未出口先有情。

我对这节课的评价是：有情、有味、有声、有色。从确定交际话题、提出交际要求、学习交际方法、小组示范表演到总结评价表彰，一气呵成，师生、生生互动积极。学生在一个个语境中，选择自己熟悉的话题，很好地把握住话题、理由、反应、应对几个要素，同时做到诚恳有礼、表达清楚、时机最佳、准备充足。

"请你支持我"是这节课的主题，但别人为什么要支持你呢？在洪老师的引领下，学生的表述体现在三个方面，即有礼（有礼貌）、有理（言之有理）、有力（有说服力）。

如果说改进建议，我觉得方法的指导可以更精细，在学生的表演之后要有示范对照，有评价跟进。围绕话题的理由要说清楚，要预设对方不答应（诘问）的反应归类等。这些是否可以在小组表演之前，选定一个话题，采取解剖麻雀的方式，让学生先小组讨论，再分层对比。诸如学生想跟班主任说换个座位，首先要有个礼貌的说法："老师，您有时间吗？我想和您说件事。"其次，要说明事情和理由："我想和小明坐同桌，他的数学好，我想跟他多学习。如果我的成绩提高上来，您一定也很高兴。"再次，预设班主任“刁难”，你上课爱讲话，会不会影响到小明？……

在这类口语交际课上，要把困难提前考虑到位，预设的答复也要考虑充分。这些考虑和预设实际上是在锻炼学生的交际能力。有的放矢，因势利导，这样才能庖丁解牛，游刃有余。诘难少，或者过于顺利，学生的交际量势必减少。

最后教师让各组择其话题表演，学生打分评选“好口才”学生奖，这是一个新奇的思路。

窦桂梅说：“我是教语文的，我是教人学语文的，我是用语文教人的。”语文学习和英语学习一样，知识不是教出来的，都是在语言实践活动中通过交际的方式来学习。

一堂课，仁者见仁，智者见智。一孔之见，班门弄斧，但愿没有贻笑大方。

有分·有课·有文·有人

爱因斯坦说："如果你以爬树的能力来判断一条鱼，那么它将永远以为自己是笨蛋。"尺有所短，寸有所长。每个人的能力各有千秋，正所谓术业有专攻，闻道有先后。每个人的擅长领域也不尽相同，譬如：有的老师课上得很精彩，却不擅长写作；有的老师指导学生出成绩，听评课水平却一般；有的老师文章写得很漂亮，却不精于班级管理；有的老师喜欢做课题研究，口头表达能力又欠佳。能做一个十全十美的老师固然可喜，但倘若在一两个领域能做到精通，也是一件幸事。

有人说：一名教师要努力成长为"四有"好教师，即有分、有课、有文、有人。所谓"有分"，就是所带班级学生要出成绩；"有课"就是上好课；"有文"就是能写出一笔好文章，能及时归纳总结，写成论文；"有人"就是眼里有生，心中有爱，以人为本。

为什么说一个好教师要做到"有分"呢？这是理想和现实碰撞之后的产物。现在流行这样一句话：一所学校，尤其是初高中，没有分数就没有今天，如果一味只追求分数就没有明天。教育在历史上从来没有像今天这般社会关注度如此之高，特别是过去三十年实行的独生子女政策，一个家庭只有一个孩子，可谓"千军万马过独木桥"。一考定终身、高考改变命运的现实在未来一段时间内依然客观存在着。家长对优质教育资源的渴望造就了这样的逻辑：有一个好分数意味着上好的学校，考上好的大学，未来就业的渠道就能变宽，可以选择的机会就更多。但是仅仅依赖分数，又不是万能的。教育有两翼，“教”是本，“育”是根。素质教育就是要培养全面发展的人。成绩仅仅是眼前的利益，不是全部也并非长远。分数仅是反映学生学业成绩的一项指标，谈分色变不好，唯分是举不对，辩证看待分数，是做好育人工作的基础。

对于教师而言，每个人都会经历“站上讲台、站稳讲台和站好讲台”的三部曲。“有课”和“有文”相辅相成，毋庸置疑。上好每一节课是作为老师的骄傲！若干年后，你的学生还能记得当年课堂上你的一言一行、一颦一笑，难道不是一种自豪吗？课堂就是教师的一亩三分地，农民种好庄稼讲究精耕细作，教师也是一样，没有投入哪里会有回报。一堂好课要有趣味，有意义，有效率。学生听完你的课还流连忘返、意犹未尽，盼望着下一节课赶快到来，说明你的课效果非常好。反之，倘若课堂索然无味，学生昏昏欲睡，彼此相忘于课堂，岂不是一种悲哀？写文章和上好课一样，不是外在的需求，而是内心的呼唤。教书不仅是养家糊口、赖以生存的工具，抑或是锦衣玉食、幸福生活的载体，还是一种生命的诉求、一种精神的延续和一种文明的传承。

“有人”是成就好教师的最高境界。日本学者佐藤学认为，学习是相遇和对话。学习是你与自己、他人和外部世界对话的过程。一个好教师要眼中有生，心中有爱，囊中有物。单向独白的课堂不是好课，热热闹闹的课也不一定是好课。建构主义认为，学习过程包含情境、对话、协作和意义建构四大要素。教学有序，互动积极，有新的意义生成才是好的课堂。新课程改革以来，国内比较著名的课堂教学模式改革，诸如洋思中学的“先学后教、当堂训练”，杜郎口中学的“三三六”自主学习模式，上海静安区教育学院附属学校“后茶馆式”教学模式等都是强调学生的主体地位，让学生动起来，让课堂活起来。由重点关注教师的教转向重点关注学生的学，是中国课堂近年来最大的变化之一。

未来教育，从知识本位走向能力本位，从分数为纲走向素质为本，从单一评价走向多元发展，唯分是举将被唯才是举所取代。一名教师，只要在某一领域发挥特长，尽其所能，就是实现了生命的价值和意义。不要把教育家看得多么神秘，每个教师都可能做到，关键在于你是否对教育充满了热情，是否能做一个有心人，是否有自己的思想和观念，是否执着并持之以恒地坚持下去。

月亮和六便士

“满地都是六便士，他却抬头看见了月亮。”这是英国著名小说家毛姆的代表作《月亮和六便士》中的名句。“六便士”代表着现实，“月亮”象征着梦想。小说描述了英国伦敦证券交易所经纪人查尔斯·斯特里克兰德突然抛妻别子，离家出走，放弃稳定的职业、美满的家庭，到巴黎去追求绘画的理想，最终在颠沛流离、穷困潦倒中度过余生，他的行径没有几个人能够理解。据说毛姆写这个小说的灵感源于法国印象派画家保罗·高更的故事，一个生前离经叛道、饱受非议，死后却又备受推崇的画家。

生存还是毁灭，那是一个值得考虑的问题。这原本是莎士比亚借哈姆雷特之口说出的问题。生和死，不是自然的顺序，而是一个艰难的选择。同样的道理，理想和现实也是一个艰难的选择。有这样一句流行语：生活不仅仅是眼前的苟且，还有诗和远方。

小说《月亮和六便士》主人公斯特里克兰德对绘画的执着源于儿时的梦想，因为父亲认为从事艺术创作没有前途，他不得已选择了自己并不喜欢的商业工作，却又在四十岁时毅然决然地离开家庭，去追寻自己的梦想，蜗居巴黎一隅，食不果腹，依然不忘初心，坚持不懈。但是从另一个角度来说，他是极度的冷漠和残酷，甚至可以说是无比自私的，不能因为他在艺术上的造诣就掩盖了他人性的卑劣。荷兰画家施特略夫在他病得奄奄一息的时候把他接到家中，待之若宾，他却恩将仇报，完全不顾道德人性的底线，与其妻子勃朗什行“苟且”之事，并为她创作了艺术的裸画，这简直就是“人渣”一枚。其实生活中也有些艺术家是孤僻的，令人难以理解，他们沉醉在艺术的殿堂里，以至于癫狂而无法自拔，对生活中的规则和要求往往弃如敝屣，不屑一顾。画家凡·高就是典型的例子，到后来割耳、自杀就是明证。

在这部小说中，作家更关心的是了解人性，而不是判断人性。人性是复杂的，也是多变的。孟子说：“人性本善。”荀子说：“人性本恶。”其实，人性是善恶兼而有之。就如同真挚中可能也有做作，高尚中也会蕴藏着卑鄙，邪恶中也找得到美德。

我们生活在一个周而复始的世界里，每天日出而作，日落而息。时间久了，就会有职业倦怠感，就会失去理想和追求，成为温水中的青蛙，失去前进的动力。仅仅脚踏实地，没有仰望星空不行，世界这么大，总要去看看，但是看看需要承担风险甚至付出代价。正如毛姆所说，追逐梦想就是追逐自己的厄运，满地都是六便士，他却抬头看见了月亮。要做一个奔向月亮的人，就要做好吃苦和孤独的思想准备。因为青春总是与梦想相伴而行，即使青春不再，却也梦想依旧。人不能没有追求，要听从自己内心的呼唤，过自己想要的生活，逐梦前行，不负韶华。

情感有理智所不能理解的理由。追逐诗和远方的生活固然令人向往，但平凡的生活就一定很差吗？凡事都不能走极端，如同电池有正负两极一样，生活中有很多事情都无法做到非此即彼、非彼即此，就像人与人之间的交往，是难以用简单的对错判断来区分的。一个人如果生活在自己的梦境里，不关心现实，不要爱情和家庭，仅仅追求那些虚幻且不切实际的东西，岂不是悲哀？

人生就是在月亮和六便士之间摇摆，努力寻找一个平衡点。无论是六便士，还是月亮，都没有关系。重要的是你还有追寻月亮的梦想和冲动，去勇敢尝试，即便不成功，回到六便士，也是难得的美好回忆。每个人在童年时代都有自己的梦想，这梦想就像一个幻象，从一个幻象又延伸出另一个幻象，人的一生就是在追逐那个不断变化的幻象。小说主人公斯特里克兰德无疑是个天才，他追求绘画这个幻象的坚毅和执着令人敬佩，最后他成功了。虽然生前潦倒，但他得到了心中的月亮。不过他追寻月亮的过程和方法却折磨着读者，或许正是这种人性的矛盾推动了社会的发展。

是选择月亮，还是选择六便士，小说并没有给出明确的答案。这一切都取决于一个人如何看待生活的意义，取决于他认为对社会应尽什么义务，对自己有什么要求，以及自己希望过什么样的生活。

康德说，真正的自由，不是你想做什么就做什么，而是你不想做什么就不做什么。幸福也是一样！有梦想，不懈怠，成为独一无二的自己，而不是千篇一律的别人。

在小说最后，作者毛姆说：斯特里克兰德是一个非常惹人讨厌的人，但是不管怎么说，我依旧觉得他是一个伟大的人。

其实，我并不十分喜欢他。

活着就是幸福

“没有比活着更美好的事，也没有比活着更艰难的事。”读罢作家余华的小说《活着》，心潮澎湃，感慨万千。有好几次，读着读着，眼睛里就不由自主地流出泪水。一本小说，能打动读者，引起共鸣，我想就一定是好的作品。

《活着》讲述了一个叫徐福贵的老人历尽沧桑和艰辛磨难的悲惨一生。小说以中国20世纪三十年代到九十年代为背景，历经国共内战、土地改革、人民公社、三年困难时期、“文化大革命”、土地联产承包、改革开放等时期，描述了福贵一家人的生命变迁和苦难情仇。

小说的叙述者“我”在年轻时获得了一个游手好闲的职业——去乡间收集民间歌谣。在夏天刚刚来到的季节，遇到那位名叫徐福贵的老人，听他讲述自己坎坷的人生经历。

地主少爷徐福贵年轻时没少荒唐过，吃、喝、嫖、赌四个字用在他身上一点也不过分。前面两个字在小说中体现得不甚明显，后两个字却是恰如其分地为他量身定做。从父辈那里继承了一百多亩地，娶了城里米行老板的漂亮千金家珍，本来一家五口可以安安稳稳地过平安无忧的日子。可惜生活经不起糟践，终于在一次赌局中徐福贵被龙二骗光了所有的钱财，一家人被迫搬到茅草屋居住，福贵的老父亲也被活活气死了。

活着的苦难从此拉开了序幕，不久米行老板敲锣打鼓地来到乡下，接走自己怀着身孕的女儿，留下茅草屋里的福贵、母亲和女儿凤霞三个人相依为命。那时节对福贵来说是祸不单行，其实也是罪有应得，福贵的作孽有了“回报”。一个人最可怕的是迷途不知返，当年家珍在赌场跪在福贵面前央求他回家时，福贵却置若罔闻。家珍在父亲家生下儿子有庆，半年后回到福贵身边，中国女人的善良在这里体现得淋漓尽致。小说对她那天的回来用了这样一句话：“家珍穿着水红的旗袍，手挽一个蓝底白花的包裹，漂漂亮亮地回来了。”一家人又团圆了，就像凤霞问福贵的问题“桌子有四个角，剁掉一个角还剩几个？”一家五口人虽然贫穷，但如同福贵母亲的话，只要人活得高兴，就不怕穷。

穷困中因为母亲生病，福贵前去求医，没想到半路上被国民党部队抓去当了壮丁，后被解放军所俘，回到家乡他才知道母亲已经过世。福贵的母亲走得不算痛苦，她腿软头晕，烧火的时候头一歪靠在墙上像是睡着了，饭烧煳了人都不知道。其实都是贫穷惹的祸——年老体衰，缺吃少穿，营养不良，家庭变故。福贵去抓药前，家珍还从褥子底下拿出仅有的两块银圆，让他去城里请个郎中给母亲看病。越是贫穷，越是苦难，越能看清最真实的人情世故！拯救是自然而然地由衷付出，没有任何功利和企图。

后来妻子家珍含辛茹苦带大了一双儿女，但却因为一场突如其来的高烧，无药医治，女儿凤霞不幸变成了哑巴。对这个家庭而言，苦难从来没有离开过，但他们依然不屈服于命运的安排，不屈不挠地活着。

真正的悲剧此后开始逐步上演。家珍突然患了软骨病，干不了重活，后来只能在床上躺着，虽然她一再坚持，希望能多一双手来维持他们这个贫穷的家庭。此后，一家人的生活虽然艰难但也不乏温馨。儿子有庆从生下来就经历穷苦的困扰，他喜欢家里养的两只羊，小小年纪就跑去割草喂羊，每天再跑着去上学。他喜欢跑步，鞋子经常穿坏，怕被福贵责备，于是为了鞋子能够安好，冬天就光着脚去上学。就是这么一个善良的孩子，听说要献血，第一个跑到了医院，最后为救县长夫人，被无情的医生抽血过多而亡。

有庆的死有点出乎意料，这是一件不该发生的事。一个年仅十三岁的孩子，正值美好年华，没有过上一天好日子就这样离开人间。当读者读到这里时，心里不禁颤抖，这个可怜的家庭不能再发生什么悲摧的事情了。

在队长撮合下，女儿凤霞与城里的偏头二喜喜结良缘，最初的小日子甜甜美美，和和睦睦。小两口也经常回到乡下看望一对老人，读者们都盼望这一家人从此过上幸福安稳的生活。然而，悲惨的命运再次无情地降临到这个不幸的家庭。凤霞怀孕了，在产下一个男婴后，因大出血死在了手术台上，而凤霞死后三个月妻子家珍也离开了人世。二喜是搬运工，因吊车出了差错，居然被两排水泥板夹死，留下最后一个苦命的外孙。

外孙苦根随福贵回到乡下，生活十分艰难。一天，大雨将至，福贵为了抢收地里的棉花，把外孙放在田埂上。中午时分，福贵发现苦根发起高烧，便向邻居借来一点糖煮了姜汤和粥，让五岁外孙喝下，下午又忙着去地里收棉花。临走时，煮了半锅豆子，撒上盐，可能在那时的农村，这都是难得的奢侈品。不料，苦根却因吃豆子撑死了。在这个原生态家庭里，除了福贵，所有的人，一切的希望都离开了。最后，只剩得老了的福贵伴随着一头老牛在阳光下回忆。

《活着》展现了一个又一个人的死亡过程，掀起一波又一波无边无际的苦难波浪，表现了一种面对死亡的态度。活着本身很艰难，延续生命就更艰难了，正因为异常艰难，活着才具有深刻的含义。

生命里难得的温情被一次次死亡撕扯得粉碎，死亡的重复发生，既给人物心灵带来巨大打击，也给读者出乎意料的震撼。余华把重复发生的死亡事件镶嵌在日常琐碎的生活里，放大了苦难的广度和深度，使渺小而软弱的人物面对巨大的苦难力量悬殊，从而产生一种强烈的命运感！小说通过这些出乎意料的死亡重复，更加彰显了活着的意义和难能可贵。

《活着》是一次“残忍”的阅读。在作家余华的笔下，我们看到福贵一家接踵而至的悲剧，命运不应该如此残忍，但命运竟然真的给这个家庭带来了毁灭性的打击。最后，老了的福贵仍然坚强乐观地活着，向“我”叙述着充满血泪和苦难的往事。

人性在苦难面前表现得最为真实，《活着》的意义在于历尽百转千回冲破重重黑暗后看到了人性的真实。读者在跌宕起伏的悲剧中，心灵受到的净化，灵魂受到洗礼，情感得到升华！

是真实还是虚伪?

读一本书,爱一座城,希望有一天去巴黎看一看这座久负盛名的圣母院。

知道《巴黎圣母院》这本书,是在青年时代。而读这本书时,已是而立之年。世上有多少书,我们来不及读,是非常可惜的事。

"前言"中叙述这是雨果在青年时期书写的浪漫主义巨著,初读时并没有找到"浪漫"的感觉。开篇中关于巴黎市民在司法宫观看圣迹剧和愚人教皇的大段描写,拖沓冗长,甚至有些乏味。

雨果不是一个"专心致志"讲故事的人。小说中对巴黎社会的风土人情和圣母院的恢宏建筑做了许多描述,故事只是断断续续地穿插其中。这或许是小说家的奥秘,也是异于普通作家的地方。

是与非、善与恶、美与丑,是这部小说要揭示的主题。人物性格的强烈对比造成了读者的视觉差异。女主人公爱斯美拉达是一位吉卜赛女郎,她高尚纯洁,美丽性感,天真善良。落魄诗人格兰古瓦误入奇迹王朝,生命危在旦夕,是爱斯美拉达挺身而出,假意与其成婚,救他于水火。敲钟人卡西莫多在河滩广场受刑时,口渴难耐,一群人欢呼雀跃,无动于衷,又是爱斯美拉达不计前嫌,给他水喝。

小说中其他几位主人公与爱斯美拉达形成鲜明对比。国王卫队队长菲比斯是贵族阶级的代表,他英俊高大,外表光鲜,但自私自利,花心贪婪。因为一次偶然的原因，他英雄救美，为爱斯美拉达排危解难，随后竟然引诱这个可怜的少女，让她陷入爱河，欲罢不能。他一边与贵族表妹百合花小姐谈情说爱，另一边又与爱斯美拉达前后周旋。他并不是真的爱爱斯美拉达，他要的是一时的欢愉。在爱斯美拉达逃到巴黎圣母院，因为教堂的赦免权暂时躲过王权的追杀，渴望见菲比斯一面时，他却为了自己的领地和百合花小姐，不顾卡西莫多的苦苦哀求，策马扬鞭而去。这种人在现实生活中并不少见，始乱终弃，首鼠两端，一副小人的嘴脸。表面上看，是爱斯美拉达爱错了人，导致了最后的悲剧，实际上那个社会的阶层才是宿命的源头。

巴黎圣母院副主教克洛德外表道貌岸然，实际上阴险狡诈。他一门心思想要占有爱斯美拉达，还扬言如果得不到就要毁灭她。可以说，爱斯美拉达的死是他一手炮制的悲剧。最初他指使养子卡西莫多去路上抢夺爱斯美拉达，却被菲比斯救下。在爱斯美拉达与菲比斯约会的阁楼上，他是那个暗藏其后的黑衣人，用匕首袭击菲比斯后嫁祸于爱斯美拉达。在爱斯美拉达受审时，他又蛊惑视听，让她被判绞刑。最后，知晓真相的卡西莫多幡然醒悟，将他抛下教堂。克洛德是一个坏人，毫无疑问。他是宗教和皇权的象征，与菲比斯一样，他更是统治阶级的代表，但也是那个时代的悲哀。最初他也有善良的影子，恻隐之心让他救下孤苦伶仃的卡西莫多，收为养子，因为博学多识，二十岁就当上副主教。当他看到爱斯美拉达第一眼时就被深深吸引，但宗教不允许恋爱和结婚，他也不懂得恋爱，一心就是占有，当索爱不成又恼羞成怒，把她送上绞刑架。小说对封建统治和宗教世界做了无情的讽刺。一个人的内心欲望战胜了宗教信仰，是真实战胜了虚伪，还是虚伪战胜了真实？

巴黎圣母院是十五世纪中叶巴黎的“清明上河图”。敲钟人卡西莫多是一个可怜而又高尚的人。他，又聋又瘸，瞎了一只眼，还是个驼背，一生下来就是孤儿，是副主教克洛德收养了他。所以他把克洛德当成恩人，念念不忘，最初的"为虎作伥"就是例证。但他暗恋爱斯美拉达，这种爱没有语言只有行动，默默无语，却感天动地。当他在河滩广场的耻辱柱上受刑焦渴难耐时，爱斯美拉达喂他水喝，他感激涕零。后来，爱斯美拉达被判处绞刑，卡西莫多悬绳而下，击倒刽子手，托起爱斯美拉达，跳进圣母院，勇敢地从封建教会的"虎口"中救出了她，用"圣殿避难"的方法保住了姑娘的性命。小说最后，爱斯美拉达被克洛德出卖，最终被绞死，而卡西莫多选择与她生死与共，用生命捍卫自己的"爱情"。

小说因爱而生，爱情是小说的表象，或是显性的事实。爱斯美拉达爱的无私，可惜爱错了人，爱上了一个自私的小人，到死还对菲比斯充满期待。卡西莫多爱得卑微，他因为外表丑陋，所以一直单相思。事实上，爱斯美拉达也不爱他，小说中当卡西莫多送给她一个水晶瓶、一个陶土瓶时，她毫不犹豫地选择了水晶瓶中一枝枯萎的花，但她是一个善良正直的人。对菲比斯而言，爱情是奢侈品。因为他从来不曾爱过爱斯美拉达，他的眼里只有金钱和地位，是一个典型的伪君子。克洛德的爱极端扭曲，他对爱斯美拉达"一见钟情"，但却不知道如何表达。因为身份的限制让他无所适从，内心深处的挣扎是对人性的煎熬和批挞，是阶级毁灭了人性！

《巴黎圣母院》的成功之处在于探索了人心，追溯了历史，描绘了风俗，展现了特定历史时期的社会风貌，塑造了形形色色的人物形象。维克多·雨果展示了爱欲的伟大，因为它具有控制人心、左右人行动的力量。

生命中有很多爱恨情仇、恩怨纠葛的故事，也许，正是因为这种爱的不完美才引发了人们更加深入的思考和对完美生命的追求。

爱心和智慧
照亮学生的成长之路

教育家顾明远先生说："没有爱就没有教育，没有兴趣就没有学习。教书育人在细微处，学生成长在活动中。"这两句话恰是对谢燕玫老师的真实写照。

提及谢老师，要回溯到2010年在杭州师大的第一次相遇。那年十月，我们从天南海北齐聚西子湖畔，参加教育部初中英语国家级骨干教师培训班。通过在杭州师大两周的集训，大家增长了见识，开阔了视野，丰富了阅历，更重要的是加深了彼此的友谊。每天早上八点半前有一个半个小时的学员智慧分享，谢老师是学习委员，她的介绍令我记忆深刻。其一是她为人低调质朴，亲和力很强。其二是她业务精湛，阅历广泛。作为华中师范大学教育硕士、珠海市名师、广东省名师培养对象，她先后去英国、澳大利亚做访问学者，我们内地的英语同行十年前较少有这样出国学习的机会。其三是她在分享中引用了英国教室里张贴的一段名言：The mediocre teacher tells, the good teacher explains, the superior teacher demonstrates, the great teacher inspires。(平庸的教师说教，不错的教师解惑，优秀的教师示范，卓越的教师启迪。)这段话令我至今记忆犹新。

谢老师在中学英语领域勤耕不辍，几乎每年都能收到她的好消息。她先后被评为广东省特级教师，广东省"百千万人才培养工程"初中名教师培养对象，省、市、区名师工作室主持人。己亥年初，又收到她的大作

《融合课堂·茶话英语:谢燕玫教育文集》即将结集成书,欣喜之余,有高山仰止之感。谢老师央我作序,实不敢当,权且说点学习后的感受吧。

有人说,一个教师的专业成长要经历四个阶段。首先是模仿性阶段,这是新手型教师,刚刚走上讲台,看到什么都充满新鲜感。这时候,教师更多的是“拿来主义”,向书本学习,向名师课堂学习,他山之石,可以攻玉。其次是独立性阶段,教师开始站稳讲台,胜任本职工作,成为学校的业务精英或者教学骨干。再次是创造性阶段,教师已经能够站好课堂,拥有一套成熟的教学方法和手段,对教材教法驾轻就熟,游刃有余,是学校里的优秀骨干教师。最后是关键阶段,形成个人独特的教学艺术风格,有自己的教学思想和人格魅力,成为一名专家型教师。如果从教师成长的学习方式上讲,可以用“有他无我、有他有我、有我无他”三个词来描述更加具体。

茶话英语,温润心田。谢老师的教学主张是英语课堂要具有“温、色、香、味”的茶性。聚焦听说读写译,努力打造有趣有效的课堂,形成色香味俱全、温润如茶的浑融型教学风格。这种风格就是轻松和谐、平等对话的师生关系,是激趣引领、高效互动的教学情境,是设问质疑、循循善诱的教学方式,是资源融合、合作探究的学习方式,是情感渗透、人文关怀的价值观念。

茶如其人,课如其茶。茶品如人品。出身广东潮汕农家的谢燕玫老师自幼与工夫茶结下不解之缘。她做人如茶甘醇,温润心田;做事如茶绵香,终身学习;做教师,追求如好茶一样甘醇温润的课堂呈现,让课堂的效果足以温润孩子们成长的心田,丰盈他们美好的生命。

好茶色香味俱全,课堂也是如此。简而言之,谢老师的英语教学风格就是三个字:色、香、味。“色”代表本色、特色、色泽。英语课堂要有语言课本身“听说读写译”的本色,教师本身的教学要有自己的教学特色,而教师衣着穿戴、言行举止本身就是一本活的教科书。“香”代表德艺双馨,教师要有健全、良好的人格，先进的教育理念和精湛的教学艺术，还要学生在核心素养落实到课堂的深层认知。“味”代表味道、趣味和回味。学生学而知味，对英语学习保持着终身学习的趣味，还能从中品味到英语文化中的真善美。

谢燕玫老师这样说，也是这样做的。三十年如一日，爱生如子。她的学生小张在上大学后给她来信，写道：“谢谢您的激励，我会铭记上善若水的谢老师。”她的课堂充满灵动和朝气，教学有法而无定法。学生们都很喜欢上她的课。她说：“好的师生关系交心不交利，和学生们的交往如茶水交融，始于茶境，终于君子，质朴平和，若能把自己好的想法、信念、知识融入孩子们的生活习惯中是人生幸事。”

读完谢老师发来的集子，可以看到一位好教师专业成长的不懈探索之路，也可以看到一位名师对好课精益求精、永不言弃的追求之路。

一堂好的英语课要做到有趣味、有意义、有效率。趣味常常与情境相伴而来，创设语境，吸引学生参与互动，达到如水和茶般交融。情境之于知识，如同汤和盐，汤无融盐，知识难以下咽。教师别急着把所有的知识都抛给学生，要善于启发，让学生带着好奇心去一步步探究，意犹未尽才是上课的佳境。一堂有意义的课要让学生学得知识，训练技能，培养能力，形成素养。教学手段要适时、适中、适度，因为欲速则不达。教学方法则要灵活多样，体现输入和输出、预设和生成的统一。有效率的课一定是有留白的课，学生在思考中沉淀，品味课堂的内涵。

从新手型教师、骨干教师、优秀教师，最后到卓越教师，追求之路永无止境，但只要坚持，就一定能够到达。谢老师不仅课上得好，而且带领团队里的青年教师共同成长，大家一起读书，一起磨课，一起做课题，一起发展和跨越。

写到这里，我仿佛看到谢老师，端着一杯热气腾腾的茶，微笑着与自己的同行和学生交流。

莎士比亚说："Love looks not with the eyes,but with the mind."(爱不是用眼睛看，而是用心去感受。)孟子说："爱人者，人恒爱之。敬人者，人恒敬之。"对生活充满热爱，坚持不懈的人都是我们学习的榜样。谢老师就是其中之一。

（本文是为谢燕玫《融合课堂 茶话英语——谢燕玫教育文集》一书所作序言）

好风凭借力，送我上青天

“醒客”源于英语单词thinker的谐音，意为思考者、思想者。富兰克林说，读书使人充实，交流使人清醒，思考使人深邃。读书给人以力量，读书可以让你站得更高，看得更远。

“醒客”是名称，“读书”是目的，“共同体”是一个载体。醒客读书共同体，就是以读书交流为途径的学习共同体。何为学习共同体？有人说，学习共同体就是支撑以知识建构和意义协商为内涵的学习平台，或是能熟练创造、获取和传递知识的组织。我想，对于读书共同体而言，首先要有输入，其次是信息传递，最后是表达交流。也就是说，要做到三个结合，即读思结合、读讲结合、读写结合。

帕斯卡尔说，人是一根能思想的苇草！思考成就人的伟大！读书一定要与思考结合在一起。这里首先要明确读书的意义。有这样一个很励志的故事：“一只站在树上的鸟儿，从来不会害怕树枝断裂，因为它相信的不是树枝，而是它自己的翅膀。与其每天担心未来，不如现在努力。成功的路上，只有奋斗才能给你最大的安全感。”生活中每个人都在寻找让自己飞翔起来的翅膀。李苦禅说：“鸟欲高飞先振翅，人求上进先读书。”也是这个道理。读书是为了丰富自己的精神世界，让自己变得更加美好。

有人说，不同的人有不同的命。平庸的人有一条命，性命；优秀的人有两条命，性命和生命；卓越的人有三条命，性命、生命和使命。满足衣食住行，小富即安，平庸度过一生，第一境也；不断创新超越自我，求真、求善、求美，让生活变得丰富多彩，第二境也。倘若心有大爱，为国为民，像格蕾莎修女一样，普救苍生，便是人生的巅峰了。其实读书的最大目的是摆脱平庸，早一天阅读就多一份人生的精彩，迟一天阅读就多一天平庸的困扰。

台湾著名漫画家朱德庸说："人生就像魔术师变魔术时候的帽子，你得先装进东西，然后才能变出东西来。"换而言之，就是人要不断地学习，积累和充电到一定程度才能厚积薄发。

我是不是该学习了？很多人能认识到学习的重要性，可老是高估自己，认为自己过去脑袋中储存的知识很多，不会被淘汰。其实你的知识够不够用你自己可以经常自检一下，看你是不是该学习了？譬如和别人聊天或给别人培训，翻来覆去都是过去的经验，没有新东西，这个时候说明你需要学习了。行业中一些现象和事情，你看不懂了，工作中和同事沟通有些话听不懂了，这些说明同事已经跑到你前面了，你需要学习了。

我该读些什么书？人们往往有这样一个现象，就是需要什么，才抓紧补充阅读什么。这样的阅读也未尝不可，但功利性和实用性太强。人要学会读一些"闲"书，这里"闲"并非指武侠小说或是打发时间的闲云野鹤之类，而是在空暇时间读一点自己感兴趣的图书，读一些人文经典，读一些修身养性的哲学书。曾国藩说："人之气质，由于天生，本难改变，唯读书可以改变气质。"一个人的气质是需要沉淀人生阅历和知识的。

我该怎么读书？个体阅读、团队共读、集体分享都是阅读的方式。《人民教育》杂志2018年第2期有篇文章《在'小圈子'里实现'大成长'》，介绍了江苏省苏州市望亭中心小学11名青年教师组成的"叙事者·望亭团队"，把网络研修作为撬动教师团队发展的支点。具体做法是，每学期初在阅读书目的选择上做规划，群内推荐优秀书籍，微信公众号内集体投票决定六本共读书目。读书项目团队倡导“一个月共读一本书”,采取个人认领方式确定领读人,通过有声导读、文本导读、问题导读、精彩书摘、线上书吧等不同形式激发教师的读书乐趣。每人读书后还要提交一篇读后感和教育叙事,并推送到学校教师群。读书写作在潜移默化中促进教师走上自我成长、自主成长的道路。

读书是一场精神的长跑!阅读不仅给人以知识,更像一艘船,带领人的精神境界从狭隘驶向开阔。无论何时何地,读书都不会太晚。对每个人来说,如果你想不断提升自己、拓宽视野、启迪智慧,不妨以热情和时间拥抱阅读,让阅读成为一种生活习惯。

(本文是在蚌埠路第三小学“醒客读书共同体”成立仪式上的发言稿)

辑四 不抵触研究 用心去探索

在科学上没有平坦的大道，只有不畏劳苦沿着陡峭山路攀登的人，才有希望达到光辉的顶点。

——马克思

科学的探讨和研究，其本身就含有至美，其本身给人的愉快就是酬报。

——居里夫人

名师工作室要有三种“味道”

近年来，全国各地中小学纷纷启动名师培养工程，名师工作室建设风起云涌。名师，顾名思义，是有名气、有名望的教师。他们或在德行修为，或在课堂教学，或在教学研究上先人一步，走在前面，在全国或省市区域范围具有一定的影响力和知名度。

名师工作室本质上是以名师作为领衔人，由一批有理想、有追求的骨干教师组成的拥有共同目标和愿景的团队，是培养一批又一批新名师的重要平台，是推动区域教师专业成长的重要载体。名师工作室旨在促进有经验的优秀教师突破原有零散、直觉的个性化经验，走向经验的系统化、概念化与理论化，从而形成自己的教育教学主张或思想。从这个角度讲，成为名师不仅仅是拥有外在的称号、头衔或地位，而是从感性的实践者转变为理性的研究者，从经验丰富的名师转变为有教学思想的名师。

名师工作室要具有三种味道。

一是学术味，即要有学习的气息。有人说，评价一所学校的学术氛围是否浓厚，课间走进教研组看一下就明白了。如果老师们都在讨论教学上的问题和思考，说明大家都很热爱学习。倘若男老师津津乐道于前一晚的饭局，女老师忙着交流家长里短，那么至少说明组内学习的味道不够。

名师工作室首先是一个学习共同体，大家热爱读书，要经常开展读书交流会，分享读书心得，集思广益。张大千先生说，作画如脱俗气、洗浮气、除匠气，第一是读书，第二是多读书，第三是有系统、有选择地读书。读书对于画家尚且如此重要，何况是教书育人的教师？其次，工作室要定期举行听评课和学术研讨活动，诸如同课异构、同题异构、一课三上等形式，以期达到优化教法、总结经验、凝练思想的效果。课堂是教师成长的阵地，离开了课堂，工作室也就失去了生命。

好的教师要做到"学而思，思而录"。"录"就是要拿起笔写作。俗话说，好记性不如烂笔头。写作源于热爱，要有强烈的写作欲望。累于阅读，诉于指尖，要有博观约取的沉淀。阅读重在坚持，能够不抛弃、不放弃，始终如一，还要有感而发，不能无病呻吟。

二是研究味，要有团队的意识。名师工作室要发挥名师辐射示范和引领作用，不是名师一个人在前面奔跑，对其他成员不管不顾，而是大家一起努力前行，抱团取暖，资源共享。教学就是研究，问题就是课题，成果就是成长。名师工作室要有自己的短期和长远目标，譬如围绕一个课题开展研究，将三年的研究成果可视化。目前名师工作室遇到的瓶颈是研究意识不浓，大部分老师没有做过课题，不知道怎么做。有的课题流于形式主义，缺乏问题意识，对于为什么研究这个课题，围绕什么问题展开研究，应凝聚的方向是什么，始终缺乏清晰的认识。有的名师工作室成员把开展课题研究的目标定位在发表文章或获奖，为晋升职称提供硬件，研究者这种急功近利的想法偏离了教科研的初衷，使研究者自身缺乏源于破解现实教育实践问题的激情和动力。还有的名师工作室缺乏目标定位和长远规划，认为研究就是听听讲座、评评课、写写文章，除此之外，再无其他。实际上，课题研究是一门学问，选题要新，思前人所为，虑后人所需；定位要准，把握住研究目标、内容、方法和预期成果；过程要实，有理论观念和实践活动的支撑，体现解决一个问题的过程；结题要真，将外显和隐性的成果合二为一，可供他人借鉴参考。

三是人情味，要有和谐的观念。名师工作室就像一个合唱队，主持人是指挥，其他人都是合唱队队员。有的人在中低音区引吭，有的人在高音区高歌。每个人的背景、能力、水平和经验都不尽相同，需要大家齐心协力，这样才能演唱出美妙的歌曲。倘若大家各行其是，不听指挥，那就未免贻笑大方。

和谐来自相互尊重、相互学习和相互关心。和谐不是一味地一团和气，要有交流，也要有交锋。观点可以有分歧，但思维一定要有碰撞。有人说，生活如人饮水，冷暖自知。工作室是一个微型的生活小环境，大家知根知底，更要互相帮助，取长补短。只有共学共创，才能共建共享。

名师工作室是教师专业发展的摇篮和孵化器。一个教师，从普通教师、优秀教师到卓越教师离不开名师的引领和帮扶，教学改革也需要名师这个宝贵资源群体去推动和促进。一个有学术味、研究味和人情味的团队，能更好地发挥其应有的作用，促进优秀教师的健康发展和快速成长。

（本文原载于2019年第6期《合肥教育》，略有改动）

做·学·问

名师工作室是什么?

名师工作室是一个学习共同体,也是一个研究共同体。大家秉承一个宗旨——为了每个人、需要每个人、成就每个人。通俗地说,就是抱团取暖,互帮互助,共同提高。名师可以实现个人的二次成长,工作室成员可以完成自己职业生涯的第一次飞跃。对于名师而言,成长自己,成就别人。对于工作室成员而言,成熟自己,成为名师。

名师工作室就像一个合唱队,名师是领唱,领唱的好坏关系到整个合唱队的水平,诸如是否整齐划一,是否抑扬顿挫等。倘若一个领唱离开了合唱队,合唱队也就失去了存在的必要和发展的空间。因此,合唱队不能没有领唱,领唱也离不开合唱队。

名师工作室做什么?

毋庸置疑,要做研究。所谓研究,简而言之,就是做、学、问。做是基础,学是保证,问是关键。好的教师有三个价值取向,即问题意识、读书习惯、反思品质。

一是上好一节课,打造属于自己的精品课堂。听评课是最实在、最朴素的教学研究方式。农民要种好田,教师要授好课。课堂就是教师的一亩三分地。课堂教学包括四要素,即教师、学生、教材和环境。课堂就是师生、生生互动交流中传递信息、表达观点和建构新的意义的过程。教师只有立足课堂，才能聚焦核心素养理念下的学科课堂教学，构建以生为本的教学活动观。好的课堂一定是情感的交融、思维的碰撞和素养的提升。名师工作室成员要熟悉学科核心素养和课程标准理念，精读教材，深研教法，把每一节课上得简简单单、实实在在。所谓简单不是随随便便，而是目标明确、内容简约、环节简化、方法简单。所谓实在不是满堂灌输，而是情境真实、互动扎实、过程充实、生成丰实，是一节有深度、有高度、有广度、有力度、有温度的课。

二是读好一本书，提升自己的内在修养。读书是与优秀的人对话。看的是书，读的是世界。人的一生要读三本书，有字之书、无字之书和心灵之书。有字之书是人文经典、理论政策、教材教法等；无字之书是我们的生活以及生活中互相影响的人；心灵之书就是人与自我的对话。名师工作室可以依托QQ群、微信群、微信公众号等网络平台，开展“每周一推”“每月一分享”等活动。每周成员把自己看过的好文章、公众号等推荐到群里，资源共享；每个月成员要读完一本书，并把自己的读书书目、摘要和心得发布出来，以供大家共同学习和思考。同时，工作室可以定期举行读书经验交流会活动。李镇西说，让孩子读书，自己却不读书，是中国教育最大的悲哀。读书的好处毋庸讳言，作为教书育人的教师，首先要读书育己。读书难能可贵的是坚持，博观约取才能厚积薄发。

三是写好一篇文章，及时总结自己的所思所想。特级教师于漪说，仅仅埋头教书是不够的，还要把在教学实践中体会到的、发现到的、领悟到的点点滴滴，及时记录下来，进行整理和研究，用于探索教学规律，提高教学质量，形成自己的教学经验和教研能力。中小学教师研究大多是以问题为导向，以案例为载体的行动研究。诸如，听课后的思考、管理上的困惑、教学中的心得等，都是写作的好素材。曾经聆听一次专家讲座，这位名师天天随身携带一个记录本，她把看到的好句子、好文章或者听课中的灵光闪现的思考，及时记录下来。本子是她的百宝箱，成了她在核心期刊发表几十篇文章的源头。写文章要有的放矢，言之有物，给人以启发，值得他人去学习和借鉴。

四是做好一项课题研究，快速形成科研意识。课题从问题中来，但不是所有的问题都适合作为课题来研究。有的课题范围过大，不适合中小学教师来做；有的课题入口太窄，研究的意义和价值又不大。课题选题有新意、接地气，这样比较容易立项。即便是别人研究过的课题，倘若换一个视角，能在学习和借鉴别人的成果基础上，有自己的思考和创新，也未尝不可。做好课题的前提是广泛查阅，寻找理论支撑，了解研究现状，找准研究方法，知晓别人的研究成果，然后确定研究的目标和内容。对于名师工作室而言，课题是一条主线，有利于工作室把握方向，凝练成果。

名师工作室怎么做？

名师工作室是培养名师、造就名师，并依托名师推动区域教师专业成长的教师发展共同体。名师要有自己的教学主张和教学风格，名师工作室也要形成自己的主张和追求。要达成这些目标，首要是做好规划，一个是工作室三年的大规划，另一个是成员的个人生涯规划，每个人都要带着任务去上路。其次，做好活动引领，一次活动一次质量，切忌虎头蛇尾，潦草应付。再次，一个工作室要有“三感”和“三味”。“三感”即仪式感、满足感和成就感，“三味”即学术味、研究味和人情味。最后，做好工作室还有两个关键词，第一个关键词是“需求”，第二个关键词是“参与”，延伸开来就是满足需求和主动参与。一个工作室开展活动就像一群人在跑马拉松，领衔名师是那个领跑人，跑着跑着，后面的人就跑到前面来了。

教而不研则浅，研而不教则空。教学和教研是教师专业成长的两翼，失去哪一个，都飞不高。做、学、问三个字合在一起就是做学问，这是对教学研究的最好诠释。

让教师
在“研究共同体”中成长

名师是可以培养出来的吗？有人曾提出这样的质疑，答案毋庸置疑。名师的专业成长之路是一个多种因素共同作用的复杂过程，除个人素质和先天条件外，名师的专业成长很大程度上取决于他能否找到一个适合他生长的土壤，能否得到持续有效的关心和支持。在名师专业成长的逻辑链条上，一定有这样一些关键词：博学、勤思、乐读、善研……

马克思说，教育是培养人的社会实践活动。名师工作室是通过人培养人的活动。名师工作室是研究共同体，也是所有成员精神成长的家园。大家围绕一个共同的教育愿景，实现从成长、成才、成名到成家的美好路径。名人不好当，名师不好做，名师工作室更应该有自己的东西，快速“名”起来。名师工作室要有名称、名分、名气、名产、名流。“名称”，名师工作室名称往往以领衔名师的名字命名，名师工作室是一群志同道合的人的学习团队，它不仅是一个学习型组织的名字，更是一种思想的表达，而思想和主张则是名师工作室的名片。“名分”是制度、经费和评价激励保障，可以让名师工作室名正言顺地开展活动。“名气”是知名度的象征。名师工作室不同于教研组，后者侧重于教学常规的培训，而前者更注重优秀教师的特色发展。“名产”指名师工作室要有自己的主流思想，名师有自己的教学风格和教学主张。“名流”意味着工作室里有一批名师名家，在一定区域内有较大的知名度，能带领一批人共同成长。

一个名师工作室要走向高品质，需要不断地突破自我和勇于创新。新时代高品质的中小学名师工作室具有一些基本特征：一是大情怀，让教育有温度。工作室成员要有共同的教育愿景。这种愿景来自工作室成员对教育使命的大爱、对教育事业的热爱和对学生的仁爱之心。斯坦福大学教授罗伯特·波格·哈里森将人的活动从低到高分为三个层次：为了生存的劳动，创造世界的工作，实现生命价值的行动。高品质中小学名师工作室的劳动应该是建立在第二、三层次基础上的劳动。共同的愿景就是共同的价值追求。二是勤反思，让教育有深度。反思是一种习惯，反思的目的是促进教学行为的转变。三是善钻研，让理论有高度。中小学名师工作室建设要立足课堂教学，抓实课题研究，建设课程体系。孔子云：学而不思则罔，思而不学则殆。阅读是获取和积累，为思考提供养料，而要想思考不流失，还需转化为文字。思考是沉淀和内化，为读和写架设桥梁。写作是倾吐和外化，为读和思创造表达。四是强辐射，让影响有广度。名师是种子教师，名师工作室要充分发挥名师的辐射、示范和引领作用，实现带动一校、影响一片、辐射一面的作用。

中小学名师工作室的成长路径大致包括三个阶段：一是起步期，建章立制，生涯规划，目标引领，任务驱动。工作室确定建设理念，营造氛围，了解成员的个性特长、发展潜能和发展愿景，制定工作目标。工作室还要建立以专业素养和教育智慧提升的取向需求，如：提出“五个一”的要求，工作室成员每学期开展区级以上公开课或教师培训讲座不少于一节（次）；每学期至少读一本教育专著并做一次读书分享；每学期在省级以上刊物公开发表论文一篇或出版教育专著一部；教学业绩在县（市区）内领先；培养期内至少主持或参与一次市级以上立项课题并取得相应成果。二是关键期，活动推进，凝智聚力，彰显特色，成果丰硕。名师工作室的生命力在于教研活动的创新和坚持。首先，让读书成为工作室成员的一种生活方式。读书学习要常抓不懈，并且成为一种自觉行动，实现读、思、写三位一体。其次，打造高效课堂。围绕某一主题，开展名师课堂、同课异构、听课评课、案例集萃、教学论坛等活动，优化教学方式，提高课堂效率。诊断、改进、提升是课堂研修的重点。再次，开展专家报告。请进来教，走出去学，沉下身研，推出去讲。袁枚说："学如弓弩，才如箭镞。识以领之，方能中鹄。"教师要及时更新观念，拓宽视野，博观约取，集腋成裘。最后，强化课题研究。工作室可以围绕课改中的热点和焦点，积极申报省市立项课题，带着问题去研究，使工作室的研究效率更高效。譬如：中小学数学课堂教学衔接的有效性；基于思维品质的初中英语阅读教学实践研究等。三是成熟期，形成教学主张，建构课程体系。教学主张不是名词意义上的教学中的某种理解，而是扎根于教学实践中的智慧升华。教学主张是教师专业成长的"天眼"，也是优秀教师走向卓越教师的必经之路。教学主张是名师的教学思想和教学信念。如李吉林的情境教育、窦桂梅的主题教学、王崧舟的诗意语文等。名师工作室建设要走向高品质，势必要让自己的教学主张落实到课程建设上。工作室往往先从点出发进行开发，慢慢串点成线，最后形成巢状完整的课程体系。

一花独放不是春，百花齐放春满园。名师工作室将教研与培训有机融合，实现教、学、研、思、用，从而真正成为优秀教师的集散地、未来名师的孵化地和教学成果共创的共享地。

鸣师·名师·明师

教无止境，学无止境。一位拥有几十年教龄教师的教学实践，有可能是一本教案的多年重复，也有可能是日复一日的实践创新和行动研究。做一名周而复始传递知识的匠人，还是主动思考、勇于创新、深入研究的名师，这是一个选择。

名师，简言之就是有名气的教师。名师是优秀教师群体的代表。一名教师在成为名师之前一定是“鸣师”。“鸣师”，顾名思义，能发声的老师——会上课，能做报告，善写作，爱研究。在口头表达能力或是书面表达能力的某一方面抑或全部，都是不鸣则已，一鸣惊人。“鸣师”从有经验的教师中诞生，他们钟情于课堂，真情于学生，激情于教育，才情于教研，往往在课堂实践中脱颖而出，从国家、省市大赛中载誉而归，而后关注理论和实践的结合，知其然后知其所以然。为什么同样的教学设计在不同班级的教学效果不一样？同课异构下教学活动有效性的思维差异是什么？等等。这些问题让教师开始有了思考的萌芽和研究的意识。

鸣师与名师的差别在于变化，后者更侧重于成长。列夫·托尔斯泰说，所谓人生，是一刻也不停地变化着的，就是肉体生命的衰弱和灵魂生命的强大、扩大。作为名师，应知晓为什么要变化，应该怎样变化，要变化成什么样。据我个人观察和思考，能成为优秀教师者，在物质追求之外，都有更高层次的精神追求，能不断地实现自我超越。他们不仅会教书而且会读书，不仅会交流而且会交锋，不仅会创造而且会创作，不仅会演说而且会立说，不仅会分享而且会共享。

面对教育技术、教学手段和学生认知水平的改变，作为新时代的名师，只有改变思想，改变态度，改变教学方法才能适应时代的发展和进步。名师之所以成名，主要是因为拥有自己的教学主张、教学风格和教学思想。优秀教师在多年的教学实践中形成了一套行之有效的教学方法和策略，这些看家本领往往内隐于个性化的经验中，常常是碎片化和零散性的。提炼自己的教学主张和思想就是将这些难以言表的经验转化为外显的概念和可以共享的教学理论供他人实践。特级教师李吉林曾说，我不敢说自己是一个思想者，但我觉得，即便是小学教师，也应该有自己的思想和教育主张。没有自己的教学主张和教学思想，不能称其为优秀教师，也不能说是名师，更谈不上教育家。当下的教育实践中涌现出许多教学主张和思想，如本色语文、儿童数学、意趣英语、融错教育等。这些教学思想根植于教师的实践智慧，经过实践理论化，理论实践化，最终指向实践的提升，经历实践—理论—实践的持续互动过程。

有人说，名师之名，不在于名，而在于明。欲成名师，先为明师。明师，即明白之师、明辨之师、明日之师。我是谁？我从哪里来？我要到哪里去？做一个心里明白的教师，通晓教育规律，明确学科特点，尊重学生地位；做一个明辨是非的教师，善于学习、实践和反思，吸纳百家之长，提炼出独有的教育理念；做一个明日之师，具有广阔的视野和敏锐的预见性，培养有家国情怀和创新能力的完整的人。

从名师到明师，从关注自我到关注学生。教师不仅要探究教与学背后的理论依据，提炼自己的教学思想，更要将教学思想内化为教育情怀，实现对每一个学生的生命关怀和精神引领，这是名师成为明师的最高境界。明是一种智慧，也是一种美德。这种教育智慧来自不断地学习、实践和反思。

明师要有独立思辨的精神和严肃的责任担当，这是对自我、对工作、对学生、对使命的认知，是一种人格化的教育精神。这种人格特色体现在引领学生对真善美的自觉追求。从价值取向上看，名师取向是社会对于教师形成的外部价值判断，而明师取向偏向于教师内部的一种价值判断。

没有人能够把你变成什么人，除非你自己想成为那样的人。教师的专业成长源于内心的觉醒，真诚地面对自己的内心，就会生发出向上向善的力量。从“鸣师”到“名师”，再上升到“明师”，需要教师在日常生活中不断地研修，形成独特的教学风格，凝练自己的教学主张，构建自身的教学思想，并将之融于对学生生命的关怀和精神引领，如此才能超越经验，成为真正有思想的教育家。

新时期教研员的工作职责与使命

教育非他，乃心灵的转向。——柏拉图

教育是一种“人”学，是研究人的学问。教研亦是如此。教研是教育研究，是以教师为研究主体，以学校课程实施过程和教学过程中发现的问题为研究对象，以促进学生全面发展和教师专业发展为目标，以提高教育质量为宗旨的一种实践性研究活动。

教研工作往往由教研员来引领和推动。教研员是什么样的人？教研员是具有中国特色的教育群体，是我国基础教育发展的一股中坚力量。教研员是课程与教学的研究者、教师专业发展的促进者、区域教学研究的组织者、教育改革政策的转化者和教学质量的监督与评估者。教研员是教师中的教师，他从教师队伍中诞生，为教师的专业进步服务。教研员是学科教学的掌门人，他比一般教师有更加广阔的专业视野和专业发展空间。教研员的职能是研究、指导和服务。研究教材、教法和学生，这是一个教师备好课的前提。作为一名教研员，还要研究课程标准、核心素养和前沿的教育教学理论，研究考纲，研究教师，唯有如此，才能指导好教师的课堂教学和专业提升，同时为学生的全面发展、教师的专业发展和学校的特色发展做好服务。

教研员要有研究意识，做研究型的教研员。研究应该成为教研员工作的常态,在研究中体会职业的幸福感。教研员往往从优秀的教师中选拔出来,所以其教学经验比较丰富。工作伊始,抑或尚能胜任,但时间久了,囿于经验的束缚,就会疲于奔命,手忙脚乱。教育有道,也有术。老子云:有道无术,术尚可求;有术无道,止于术。教研也是如此。有道无术,乃"空中楼阁";有术无道,乃"匠人"也。仅仅局限于听评课和学法指导的常规性教研是远远不够的,教研员还要引领教师基于课程标准开发课程,做好课题研究。简而言之,新时期教研员的使命就是要带领教师一起围绕"课堂、课题、课程、课标"做好探究式教学研究即坚持立德树人的工作导向,认真研究学科的育人功能,为中小学创新育人模式、提高教师能力素质、深化教育教学改革、推进考试评价改革提供专业化的指导与服务,为各学科核心素养的落地和课程标准的落实与实施贡献专业智慧。

发展是研究的必然产物。基础教育的教学研究更多是一种行动研究,它是以问题为导向、以案例为载体、以交流为形式、以任务为驱动的实践性研究。教研员的研究工作要围绕解决实际问题、推动教育改革、引领教师发展和促进自身成长来展开。研究包含三个层次,问题解决是补短,专题总结是扬长,课题研究是创新。教研员要善于发现问题并能将理论结合实际,解决区域教育教学中的常规问题,帮助教师知其然知其所以然,从而讲出背后的原因。专题总结的步骤有三:首先是梳理经验,分析问题;其次是学习经验,借鉴运用;最后是改造优化和完善系统。课题研究源自问题,但并非所有的问题都是课题。课题是研究教育科学领域具有普遍意义或特殊价值的问题。课题选题要新,过程要实,结果要可借鉴。开展课题研究的前提是做好顶层设计,先要了解别人已经取得的成果,再结合实际,研究别人未能解决的问题,基础教育阶段的课题成果还要有一定的推广价值和现实意义。

教研员的专业发展通常经历三个阶段:新手型阶段(事务型)、熟手型阶段(经验型)、专家型阶段(研究型)。在新手型阶段,教研员常常忙于应付上传下达的各项事务，疏于研究或无心为之；在熟手型阶段，教研员能够独当一面，善于应对各类事务，凭借传统经验对教研工作游刃有余，但存在职业发展的高原期；在专家型阶段，教研员要有自己的教研主张和风格，能够引领教师快速成长，帮助教师解决困难。

有专家认为，一个现代教研员要具备四种能力：课题与项目的研究力、课程与教学的指导力、测量与调研的评价力、信息化支撑的创新力。当前，基础教育课程改革已经进入内涵发展的新时期，教研员肩负新的使命同时也面临挑战。2020年安徽新中考改革即将首发，新高考改革也将扬帆远航，中小学语文、历史、道德与法治今秋将全部使用统一的部编教材，如何适应新形势、研究新教材，教研工作的转型升级迫在眉睫。教研转型，既要关注工作内容的转型，更要关注工作手段和方式的转型。新时期教研员要在推动课程改革、促进课堂教学变革、研究评价改革、致力教师专业发展的教师研修和活动创新、促进信息技术和教育教学的深度融合上下功夫。

面对教育改革推进的深入要求，胜任新时期教研工作的职责和使命，教研员需要不断提高基本素养。教研员要做到“四要”“四有”“五个一”和“六力”。“四要”即要想得清楚、要说得明白、要做得实在、要写得准确。“四有”即有一种“板凳甘坐十年冷，文章不写半句空”的精神，有一种“一点上知道一切，一切上知道一点”的追求，有一种“立德树人，薪火相传”的责任，有一种“唯宽可以容人，唯厚可以载物”的情怀。“五个一”即教研员要开放一次公开教学、做好一次专题讲座、发表一篇教学论文、主持一个教研课题、建好一个学科基地。“六力”即学习力、研究力、指导力、示范力、合作力和创新力。

当下，中小学教研员更多从事的是田野式、草根式的研究工作。教研员要加强学习，登高望远，做好新观点、新理念的传播者。教研员要加强合作，为教师发展指路导航。教研员要加强交流，营造研究氛围，不断提升专业指导力。活到老，学到老。唯进步，不止步，才能将教育进行到底！

教研是一门学问，既要脚踏实地，更要仰望天空。教研是一门艺术，热爱是原动力，唤醒是成就感。教中研，研中教，以教催研，以研促教，教研相长，不亦乐乎。

（本文原载于2019年10月《教育文汇》，略有改动）

教研成就教师

与一所名校的校长闲聊，他所在学校每年的毕业生被重点高中录取的人数总是在全市名列前茅。据这位校长介绍，别人常说学校的学生成绩好，是因为生源好，家长素质高，家庭氛围好，这固然不假，但这并非学校年年“丰收”的关键因素。最主要的原因是学校重视教科研工作，调动并激发了教师内在学习和研究的积极性，否则仅仅依赖管理者一己之力是万万不行的。

火车跑得快，全靠车头带。做好一件事，首先是领导重视，行政推动尤为重要。譬如，这个学校领导经常跟省、市、区教研部门联系，每学期固定邀请教研员到学校蹲点教研组，教研员随机听课，集体评议交流，每次活动持续半天或一天。这样的活动既有专业引领，又有同伴互助，落地有声且有实效。同时，这样的活动也比较随意，比起传统自上而下的视导调研更加便捷。其次是联动教研，即校与校之间自发开展结对教研活动。譬如，中小学衔接的同课异构活动。同一内容，请小学和初中教师或是初中与高中教师一起来备课、上课，这样可以看见不同学段教师驾驭课堂的方式以及设计教学的理念。再次是读书与演讲。学校每学期给教师赠送图书，定期开展聊书会；教师给学生推荐经典图书，定期开展演讲比赛。学校教研工作像一潭碧水，动起来就是活水荡漾，反之死水一片。

有人说:学习如逆水行舟,不进则退。教科研工作完全依靠行政推动也不行,这就像学生学习,填鸭式的灌输效果就不如自主合作和探究。教师们有自发意识,愿意去研究,去做课题,去上课,去带领一个团队发展,这样的效果一定事半功倍。学校还要多提供学习和培训的平台,多创造交流和展示的机会,多推教师出去比赛和听讲座。闭门造车,难有新意;拓宽视野,方能知己知彼。

当然,不是每个老师都是全能型教师,有的老师擅长上公开课,有的老师论文写得好,有的老师微课做得漂亮。也有些教学上平平淡淡的老师可能班主任工作做得好,毕竟管理班级也是一门大学问。聪明的管理者要有慧眼去发现和培养,然后发挥每一位老师的特长。

学校的发展靠教师!一个教师成功了,他一定会用实际行动影响身边的人。一个团队成功了,校园文化和教育质量就都有了保证!

教师需要什么样的培训

没有好的教师就没有好的教育！教师的专业成长始终是学校发展的第一要务，而教师培训是促进教师专业发展的一种重要手段。

目前我国的教师培训工作主要包括四个层次，即各类国培和省培项目；市级层面的集中培训、远程培训和专项培训，诸如班主任培训、骨干教师和学科带头人培训以及心理健康和信息技术能力提升培训等；县区级自行组织的各类主题培训；校本培训。国家重视教育的发展，尤其是近些年加大对教师培训经费的投入，使教师们能够走出校门参加各级各类培训活动，这些活动帮助他们更新教育观念，拓展教育视野，提升教育能力。

从事教研和培训工作多年，每年都要组织区内业务校长、教科研主任、专兼职教研员和骨干教师深入高校学习培训或外出观摩各种专题报告会，同时也多次应邀去一些市县和高校开展学科专题培训。在与老师交流的过程中，曾听到过不少一线教师的抱怨：各类培训太多，教师应接不暇；培训内容不接地气，与实践脱节，难以在工作中转化应用；培训形式单一，以听、讲、记为主；假期本是教师休息时间，学校强制参与培训等。

教师培训之殇？谁之过？这的确需要引发我们教育工作者的深思。培训项目要做好顶层设计，培训课程结构要合理，与培训主题紧密相连，针对性要强。在整个培训课程里，实践性课程要占到整个培训课程的50%。建立教师学习共同体，多一些情景式、体验式、参与式等互动性强的实用性课程，诸如案例教学和现场诊断等。此外，培训后的资源共享也是帮助教师有效解决实践问题的抓手。

今年暑假，应邀去某县开展了一次英语学科的专题讲座。这次培训的对象是全县的英语学科骨干教师，以下是培训后的几点思考。

首先，培训目标的定位是提高培训成效的前提。美国教学设计大师罗杰说过这样一句话：好的教学设计有三要素，即你要去哪里，你怎样去那里，你如何判断你已经去了那里。在培训中，我们常常需要这样换位思考，那就是如果我是下面的一名学员，我需要获取哪些有效信息。现在有的培训专家水平很高，但理论说白多，实践佐证少，让听者云里雾里，曲高和寡，效果欠佳。还有的时候培训常常出现这样的现象：你讲你的，我做我的。就像朱自清先生说过的话，“热闹是他们的，我什么都没有。”其主要原因是目标定位不准确，脱离了学员的认知需求。一线培训多是基于问题意识的实践培训，强调以问题为中心、以案例为载体，其核心是解决教师在课堂中常见的问题和困惑，把握住这个方向，问题方能迎刃而解。

其次，培训内容的好坏是决定培训成效的关键。培训内容一定要贴近教师的实际需要，知教师之所需，解教师之所求。在实际培训中，教师对于实践操作层面的微技能和案例很感兴趣，对于理论方面的知识相对要淡漠一些。这次我报告的题目是《初中英语学科教学策略和活动设计》。内容涵盖三个方面：一是新课程理念下初中英语教师专业发展；二是初中英语课堂常见教学策略和案例分析；三是任务型初中英语课堂的常见活动设计。学员对后两项内容明显表现得更加积极，而对于前者，则颇多为聆听。那么，理论重不重要呢？答案毋庸置疑。就像高楼大厦，理念就如同支撑的柱子，没有柱子，大厦将倾。也就是说，没有理论指导的实践，往往趋于模糊混淆或是空中楼阁。歌手庾澄庆曾经做过一个电视广告，他边骑摩托边说，前轮是方向，后轮是力量。观念的取舍决定你的教学是否体现了新课程改革的方向；而实践的量变保障你个人教学水平和能力的提升。如何把理论和实践有机结合让大家听有所感、学有所得，这很重要。第一场培训时我将英语课程标准中培养学生综合语言运用能力的五个方面通过图示呈现，然后逐一解读，感觉效果一般。第二场培训的时候，我在解读语言知识、语言技能、情感态度、学习策略和文化意识时，融合课堂案例和中考真题，效果明显好很多。好的培训就是要追寻理想与现实之间最佳的契合点。书本理念如何在现实课堂活动中碰撞出火花是值得我们进一步思考的问题。

最后，培训方法的选择是提升培训成效的保证。培训不是为了提供一些事实性知识，而是为了激发教师问题意识的高层次学习。现在常见的培训方式有情景体验式、参与式、案例式、启发交流式。国内的教师往往习惯于倾听，遇到熟悉的有把握的话题愿意说一说。所以作为培训者，最有胜算的准备就是采取案例式。有人说案例是理论的故乡，可以借助案例就事论理。在实际操作中，先呈现案例或播放视频，然后提供若干个问题引发学员思考，让他们带着问题去观摩，去学习，去比较，去反思，最后适时总结提炼，方可水到渠成，事半功倍。

教师的专业发展往往经历这样几个阶段：彷徨无措，拿来主义，自信满满，自然飘逸。培训也是这样，方法没有最好，在不同情境下选择最适合的才是最重要的。

教研工作的根要深扎在课堂

有人说，一个人的成长有两个基本指向，即外在和内在。一个人的成长就像一棵树，他要向下和向上双向成长。如果你想要你的小树长得更高，你必须用心关注它的根。显然，相对关心一棵树的地上部分，关心它的地下部分更为重要。

教研工作的根在课堂。教研员的工作职能是研究、指导、服务。教研员要助推教师专业成长，促进学生全面发展，其落脚点是在课堂中发现问题，帮助教师分析问题和解决问题。因此，听评课技能是做好教研员工作的基本功之一。

教学有法，而无定法。一堂好课没有固定的标准。一节课在某一时期具有代表性，但过了一段时间后，新的方法、手段和模式涌现后，这节课可能不再像原来那样具有代表性了。但追根溯源，有一个基本的原则不会变化，那就是“以学论教，以教师为主导，以学生为主体”。一堂课的好坏，不是看教师教了多少，而是看学生学习了多少。托尔斯泰说，成功的教学所需要的不是强制，而是激发兴趣。教师的真正本领，不在于他是否会讲述知识，而在于他是否能激发学生的学习动机，唤起学生的求知欲望，让他们兴趣盎然地参与到教学过程中来。一个好的教师，一定是一个热情的教师，一个对学生满怀期望的教师，一个值得学生信任的教师。因此，对于教研员而言，我们要观察：看学生学到了什么？看学生是否学习到了方法，提高了能力，激活了思想？看学生学习过程是否轻松愉悦？

学生是教师的一面镜子，学生的课堂表现能折射出教师的教学思想。一堂英语课上得好不好？学生的参与面，活动的有效性，语言的实践量尤为重要，这是我常常与英语老师们交流的地方。一堂课要有趣味、有意义、有效率。有趣味，顾名思义，教师要善于创设问题情境，激活学生已有的知识背景，引导学生从已知走向未知。如果听课的老师都觉得索然无味，那么学生的感受就可想而知了。有意义，就是要实现输入与输出的统一，预设与生成的统一，要能将学习的知识生活化，学以致用，体现教、学、合一。譬如：七年级外研版英语教材中有一课是谈论自己喜欢的动物及原因，如果教师局限于教授课本中的动物生词及基本句型外，那充其量是完成了本课的知识目标，而未实现能力目标和情感目标。如果能让学生们采取自由采访、结对交流或调查汇报的形式来发表自己对喜欢动物的看法并说明理由，教学效果则大不相同。所谓有效率，福建师范大学余文森教授曾经引用过一个有趣的比喻，即穿越玉米地。他把我们的教学过程及其目的比作“穿越玉米地”。也就是说，谁穿得快（速度），谁掰的玉米多（收益），谁身上的伤口少（安全）。我们的学生能否在规定的时间内完成学习任务？假如短时间内完成了，那是高效率；如果超出时间才完成，我们说是低效率。完成了是一回事，完成得怎样又是另一回事，这就是效益问题。还有一个很重要的方面，学生在学习过程中、在完成任务的过程中是否伴随着心理的愉悦和享受，是否产生了浓厚的学习兴趣。

教研员去学校听课，若不打招呼直接推门听课，最好事前了解授课者的课题，提前有所准备。不打无准备之仗，这是对授课者的尊重。当然，不排除经验丰富的教研同行可以即兴点评，口吐莲花，但是，提前介入，事先做足功课，便会多一份自信，多一份从容。教研员要带着思想进课堂,在一定的思想高度上去听课。在听课的过程中,要学会互换角色,换位思考,认真看别人的课堂,及时反思自己的课。如果我是授课老师,我应该如何激发兴趣,如何导入新知,如何操练练习,如何巩固运用等。如果我是听课的学生,这节课我学到了什么,我今后要做到什么,我还想了解什么等。

教研员在听课中,要做到用耳、用眼、用手、用脑、用嘴,即多听、多看、多记、多思、适当交流。听授课教师的教学语言,学生的发言。看教师的基本功,看学生是被动接受还是主动学习,看教学方法是否科学,看教学手段的运用是否恰当,看教师的课程整合意识是否前瞻,看课堂教学的效果是否高效等。记主要教学环节,记教师教学中的亮点和学生学习互动输出中的闪光点,记听课者即时的思考。思如何改进和完善,如何把他人的经验和教训转化成自己的素质和智慧。课后还要走进学生,适当交流,听听他们的声音和感受。

教研员评课要拿捏住标准和尺度。虽然学科有差异,但整体方向大同小异。如:叶澜教授评价一堂好课要做到“五有”(“五实”),即有意义(扎实)、有效率(充实)、有生成性(丰实)、有常态性(平实)、有待完善(真实)。洋思中学,对一堂好课的评价是自主而不自流,互动而不浮动,放手而不放任。北京市东城区教师进修学校的周业虹老师认为,评价一节课要做到“四看”:一看整体效果,即教师能否准确把握知识体系,教学内容是否符合学生实际,课堂结构是否科学合理,教学目标达成度是否高效;二看师生教学,即教师的教和学生的学,包括教师提问、板书设计等教学基本功以及学生情绪、参与程度和学习效果等;三看教学亮点,即教师教学个性特色,对问题的处理和教学的拓展延伸;四看教学细节,如资源整合、媒体使用和作业反馈的方法指导等。

教研员评课要以改进和发展为主要价值取向,对课堂教学的成败得失及其原因做出切实中肯的分析和评价,并能够从教育教学理论的高度对一些现象做出正确的解释，提出自己的意见或建议。评课是一门艺术，评课中要防止出现“钟摆效应”，既不要满眼皆是缺陷，把教师讲得一无是处，出言必是提出修改意见，也不用处处都是体现新课程理念，把教师夸成一朵花。你好我好大家好，久而久之，便失去了评课议课的意义。评课是一门科学，评课要实事求是，有的放矢。评课中教研员要防止做“学霸”，控制教师评议的话语权，不要搞成“一言堂”，要改变教师在评课活动中的被评地位和失语现状，让教师们参与进来，一起围绕共同的话题平等交流。评课是一门学问，教研员在评课过程中要引领教师透视话题，超越现象，深度交流，增进理解，促进教师自主选择。

朱永新教授说，教师走多远，就能带学生走多远。同样，教研员走多远，就能带教师走多远。教研员的成长连带着教师的成长，教研员的水准折射了教师的水准，教研员的思路引领了教师的努力方向，教研员的行为牵动着教师的课堂课后，甚至教研员的生存状态反映了教师的生存状态。

教研员要做好教育教学的研究者、服务者与指导者，做好专业引领、以理服人，要保持思想的鲜活，要静下心来读书学习，靠学研富脑修身，使自己成为一个勤于学习、善于思考的人。

老子云：“天下难事，必作于易，天下大事，必作于细，是以圣人终不为大，故成其大。”要成为一个有思想的教研员，必须潜心钻研，不断创新，勇于实践，从简单的、细小的事情做起。从细微处入手，寻找突破口，关注发生在课堂实践中的微观案例，把理论的教法与实践的演绎有机结合，听好课、评好课，带题教研、合作共进，切实促进教师专业成长和自我进步，提高教学质量。

（本文原载于2017年1月《教育文汇》，略有改动）

在坚持和创新中走向卓越

参加在育英学校开展的2020年市区名师工作室阶段性总结暨专家报告会，从教研的角度，谈谈对名师教学主张和工作室建设的体会和感受。

这次会议的主题是名师的教学主张。教学主张是名师独到的、细致的和系统的思想和见解。教学主张是教学风格的内核，教学风格是教学主张的具体化、个性化特征。教学主张是教师从优秀走向卓越的重要内容，也是打开教师专业成长的第三只眼。余文森教授说，对名师而言，教学是从思考走向思想的过程，只有经历了思想、概念、结构、论证等过程，才能拥有自己的教学主张。这是名师的发展之路。名师的思想要顶天，实践要落地，教师要学会提炼自己的教学主张，从有“教学思考”走向有“教学思想”。

教学主张是名师的教学思想和教学信念，也是名师在行动中一以贯之的见解。教师主张从哪里来？一线名师的教学主张更多是从实践中来，到实践中去。在反思实践中，教师实现个人教学思想的升华，从经验走向理性，从零散走向系统，从表层走向深刻，从自发走向自觉。古今中外名师名家的教育思想和教学主张不胜枚举。孔子提出“有教无类，因材施教”的教育思想，苏格拉底倡导“美德即知识”和启发式教学。陶行知认为，“生活即教育，社会即学校，教学做合一。”马卡连柯是提出集体主义教育思想的第一人。当代名师名家的教学主张更是层出不穷，如李吉林的“情境教学”，窦桂梅的“主题教学”，于永正的“五重教学法”，王崧舟的“诗意语文”,孙双金的“情智课堂”,华应龙的“融错教育”等。

一个人真正的生命是其思想,人因思想而伟大。现在很多教师停留于平庸,有时不是能力上的平庸,而是思想上的荒芜。思想从哪里来?从书本中来,从实践中来。一个名师要具备三种能力:更新自我的能力,有效教会学生学习的能力和科学评价学生的能力。要拥有这三种能力,就离不开两个词——“创新”和“坚持”。

有两个小故事与大家分享。有一个国王让两个工匠雕刻老鼠,第一个雕的栩栩如生,第二个雕的不像老鼠。当国王要宣布第一个工匠获胜时,第二个工匠提议让猫来鉴别谁雕的最好,结果猫喜欢第二个工匠雕的,因为他用的是鱼骨。在这个故事里,好的标准在于个性需求和创新思维。另外一个故事是跑得快不如跑得久。马和骆驼,谁一辈子走的路多?你也许会觉得是马,那就错了,其实骆驼走的路远远比马多。因为马跑一会儿就得停下来,而骆驼一旦开始走,如果不让它停,它是不会停下来的。走对了路,只要坚持下去,就会柳暗花明。

有的老师说,主张和思想似乎太遥远,我埋头教书,从来没有想过这些东西。那么就从今天开始有所思考吧!名师工作室培养的是有思想的教师。名师工作室的理念是“我们在一起”,宗旨是“我助人人,人人助我”。名师工作室之“名”体现在六个方面:名理念,有自己的目标、文化、规划和表达;名机制,有一套成员自觉遵守、行之有效的模式;名教师,有自己的灵魂人物和发展方向;名活动,是有互动、有思考和有影响力的活动;名成果,教师或著书立说,或提炼主张,或课题研究,或课程建设,有物质和精神收获;名学生,工作室的落脚点是促进人的发展,名师要有自己的得意门生。

前段时间,参加两个名师工作室的读书交流活动。老师们或自选,或同读一本书,大家侃侃而谈,很有心得。教研活动要在思维的碰撞中产生心得,引发心灵的共鸣。对于名师工作室而言,活动要对标对本,标是教师需求,本是课堂。活动要实现常态化、个性化和特色化。常态化是名师工作室要经常举办读书坊、听评课、研讨沙龙、微专题分享、课题研究等活动。个性化是活动要有自己的特点,譬如基于大数据的分析、有关翻转课堂、信息技术与学科深度融合、智慧教育等。特色化是建立在个性化基础之上的凝练和总结，做到人无我有，人有我优，人优我特。

教学主张是名师工作室品质提升的源泉，教研活动是名师工作室品质提升的载体。教学主张不是从天上掉下来的，都是在反思实践中厚积薄发而成。总而言之，名师工作室是在坚持和创新中实现教师从优秀走向卓越的精神家园。

做点教学研究好

有一位三十年教龄的教师在学校内部的竞聘中落选了，于是他找到校长讨要说法。他说自己工作了三十年，没有功劳也有苦劳。校长告诉他：你是有三十年的工作经历，但从教育上来说你只工作了一年，只是把这一年重复了三十次，你是既有“功劳”也有“苦劳”，但你带给学校的还有“疲劳”。

校长的话语颇为直接，但却反映了一个比较现实的问题。有的教师专业发展轨迹是一个圆，走了几十年又回到了原点；而有的教师专业发展伴随着学习、实践、反思、提升，呈现螺旋式上升了。因此，我觉得教师教书之外做点研究工作，让自己适应时代发展很不错。也许你要说我是自己做教研，“老王卖瓜，自卖自夸”。非也，其实研究是教师的职业属性。美国学者苏马克说，研究是为某一目的而收集、分析系统资料的过程。在日常的教育教学中发现问题，有目的、有计划地想办法解决问题的过程就是研究。

记得前不久到一所学校参加省级立项的课题开题活动，在教师与市课题专家互动环节，一位老教师激动地说：“听了省市专家的报告，收获很大。可惜过一年我就要退休了，早知道研究有这么多好处，我就积极参加申报课题研究了，现在我愿意为年轻教师开展课题研究多做些辅助工作。”在场的专家对老教师的发言先给予了充分肯定，同时也纠正了她的说法，其实她过去的每天都在做研究。实际上，课题皆是问题，但问题不都是课题。你帮助学生答疑解惑，抑或是尝试多种方式创设情境，改进教学方法，寻找一个问题多种解题技巧等，都是在做研究。

很多时候，我们都把研究当作是专家学者的事情，事不关己，其实这是一个误区。高校教授往往更侧重于理论方面的研究，旨在探究教育的规律；中小学教师的研究往往是从教育的现象入手，是一种基于实践的行动研究。朱永新说：中小学教师搞教育科研，就是应该从记录教育现象、记录自己的思考、记录自己的感受开始，把一串串“珍珠”串起来，那就是一根非常美丽的项链。

做研究首先要研究自己，研究自己缺什么。是夯实理论还是强化实践，还是二者兼而有之？其次要研究学生，研究学生缺什么。以现行中小学课题研究为例，目前普遍存在的问题：一是教师有畏难情绪，不知如何下手；二是形式主义和功利主义严重，雷声大，雨点小，“研”“用”仍是两张皮。事实上，课题研究包括规划课题与个人课题两种。前者一般指由教育行政部门批准立项的课题，然后委托各级教育科研部门进行规划、申报、评审和管理。后者一般指由教师个人独立承担并得到同行公认或学校教科研部门认可的课题。教师个人课题一定要契合教师自己的教学实际、对改进自己的教学有用并能够促进自己的专业发展。个人课题可以由教师个人自由选择，一般来说，课题研究的切入口比较小，研究的内容比较单一。采取的方法包括叙事研究、个案研究和行动研究等。教师可以根据自己的知识背景、学科特征和个人经验，选择自己感兴趣的、可以改进教学和提高教学质量的微型课题来研究。研究成果可以是一篇论文、一个新观点或是教学的新模式、新策略等。

有人把学校教育科研总结了三个特点：一是问题即课题；二是教学即研究；三是成果即成长。我觉得，要做好研究，关键是要学做有心人。

专心去阅读理论，留心去感悟课堂，用心去总结反思。有正确的方法引领，有深入的研究过程，就一定会有收获，最终实现个人的螺旋式成长。

关于学校教研工作的思考

教研是与人打交道的工作。教研工作的落脚点主要体现在四个方面：服务于教师专业发展，服务于学生全面发展，服务于学校特色发展，服务于教育决策的能力水平。一个教研员，自己优秀充其量就是一个优秀教师，只有自己指导的教师优秀才是真正的优秀。换言之，一所学校的管理者，自己跑得快，只能说明个人很出色；只有带领一群人都跑起来，才是最大的出色。

学校的发展，教研是助推器。事实上，教学和教研不分家。每一个教师在教学的同时也在做研究。说一所学校的教研氛围浓厚，主要是指学校教研工作的思路清晰，目标明确，活动有力。反之，这所学校教研工作乱无章法，东一榔头西一棒槌，想到哪搞到哪，或者是学校的教研工作缺乏创新，因循守旧，东施效颦。

火车跑得快，全靠车头带。校长是学校发展的总设计师。教研工作要向上攀升，找准定位，也要向下扎根，深入课堂。管理层要根据教师的需求和学校发展的前景瞻望，为学校教研工作设计蓝图，每个学期都要确定重点目标，为教师的专业发展指明方向。我要去哪里？我如何去那里？有没有目标是一个方面，目标能不能达成是另一个方面。最可怕的是一所学校的领导没有想法，一所学校的教师也没有追求，其结果就可想而知了。

当下,学校教研工作中比较常见的现象有以下几种:有的学校名气很大,但是掰开手指头数一数,学科名师捉襟见肘。有的学校常年不见“炊烟”起,校内教研活动少得可怜。这里的活动更多是指学校自发原创的活动,不包括教研员主动送研送教上门。有的学校活动开展得不少,但没有主心骨,形散神也散,主题不鲜明,不成体系。也有的学校常规教研活动流于形式,调研中发现甚至有的学校教师不带备课笔记上讲台,学校教务处的定期检查仅仅作为可有可无的“橡皮图章”,没有起到督促、改进和提高的作用。另外就是教研组和备课组活动没有实质性内容,纯属形式主义。譬如,在一次初中毕业班质量视导调研中,就曾经发现这样的现象:所教非所考。有的教师没有准确把握课标要求,教授的内容过难或指导解题方法超出了中考考查范围。老师自立门户,各自为阵,未实现资源共享,所选复习资料五花八门,教学进度有快有慢,平行班级管理不统一,复习缺少规划与安排。这虽然仅仅是个例,但是亡羊补牢,未为晚矣,学校管理层应给予重视。

针对以上情况,关于学校教研工作做了以下几点思考。

首先是做好常规教学研究工作。常规是底线,是保障,也是基础。学校教学常规就是备课、上课、作业与试卷批改和课外辅导。备课要实,关键是备课组成员有没有头脑风暴、集思广益、资源共享,教师有没有真正把集体备课的成果落实为课堂教学的效果。上课要真,课堂应该是教师真情实感的流露和学生真心实意地积极互动的场所。作业要适中,试卷批改要及时,没有增加学生额外的负担,同时确实巩固或检验学生的学习效果。课外辅导要精心,体现有教无类,因材施教。

其次是加强活动过程引领。教师要在教学中学会教学,在教研中学会教研。教师的专业提升体现在四个方面:在文化认同中提升(心有所属,坚持不懈);在课堂改革中提升(改进方法和手段,提高效率);在教研活动中提升(丰富教研内容和形式,提升活动质量);在项目研究中提升

（开展课题研究，不断超越）。新课程改革倡导基于情境、问题导向的互动式、启发式、探究式、体验式课堂教学。学校要鼓励教师多走出去，多接受学习和培训；学校每学期都要有自己的教学研讨课活动，要形成自己的教研氛围，形成人人爱上课、爱读书、爱写作、爱研究的可喜局面。

再次是打造学科领军人物。学校的发展靠教师，学校的口碑靠质量。一所学校，名师是一面旗帜，名师越多，教学质量越好。如何打造？学校管理层要重视教师的专业成长，给年轻教师压压担子，指路支招，冲锋陷阵；对中年教师搭搭台子，辐射引领，携手并进；请老年教师传传方子，传道授业，指点迷津。学校可以成立学科指导委员会、学校名师工作室，学校之间可以建立校际教学共同体，集团内学校间联动教研，互通有无，帮助教师量身定做个人发展生涯规划等。

最后是催生特色的教研文化。教研文化是一种基于学科内涵，凝结在实践之中，约定俗成的思维方式、行为规范，以及可以传承沿袭的价值观念和精神沉淀。形成良好教研文化的前提是弄清楚学校教研工作的现状，学校教研发展的路径以及最佳切入口。不同的学校应该有不同的教研文化，一校一品，一校一特。教研文化不是一蹴而就，不是为了教研而教研，也不是为了文化而文化。有段时间，高效课堂盛极一时，有些高产的学校一下子诞生了许多课堂教学模式，最后真正落地生根的不多，发芽的更少。实际上，学校把基础的教研工作做扎实了，文化自然天成。譬如：一个教研组在合作学习的氛围中形成资源共同体，集体备课就会在这种动态中生成，从而凝聚智慧。学校形成“教—研—训”三位一体的教研模式，同课异构，一课多轮，开展微课题研究，撰写博客和论文，久而久之，大家的共同习惯就会形成一种教研文化。

每个教师的专业成长都会经历“他山之石，可以攻玉”的学习模仿阶段，到“庖丁解牛，游刃有余”的独立自主阶段，最后到“我爱我师，我更爱真理”的迁移创新阶段。一所学校，倘若年轻教师多，可以侧重做好基本功的训练，诸如集体备课、读书交流、叙事研究等；假如中青年教师居多，可以更多加强课题研究、案例分享、命题研究等活动。教研活动既要关注量，更要落地质。

有的老师一听到“教研”这个字眼，就有畏难情绪，又要开始写论文、做课题研究，其实这是一个误区。世界上很多事情都是有因果关系、相辅相成的。做一件事，经历过程的体验，尝到成功的甜头，就会越做越喜欢。学校管理层要做好顶层设计，指明发展方向，鼓励教师参与教研，为教师的专业成长搭起舞台。

纪晓岚在《阅微草堂笔记》中有一句话：心心在一艺，其艺必工；心心在一职，其职必举。任何事情，聚焦一个着力点，潜下心来，俯下身去，就一定能做出成绩。

（本文原载于2020年12月《教育文汇》，略有改动）

由名师对联想起

开会时收到一条短信，来自我区一位名师工作室主持人的信息，她的原话如下："傅主任，我们工作室想写一副楹联，水平有限，想不好。恳请指导，这几副哪一个好点？要不请傅主任给我们工作室题一副？"稍后就发来了一系列对联。内容如下："播雨耕云，催就蕙兰铺锦绣；呕心沥血，润得桃李吐芳菲。语重心长，句句师情催李艳；风清雨细，丝丝露意润桃芳。遍地蕙兰思化雨；满园桃李谢春风。广施甘露千株翠，报得春风一寸丹。幽谷兰花香袅袅，陋室墨竹影悠悠……"

印象中，这位名师文字功底深厚，语言表达能力强，却为人低调，轻声慢语里给人恬静优雅之感。

关于楹联，我是外行。虽然喜欢写一些文字，但多为自娱自乐，难登大雅之堂。我对于对联的平仄对仗、节奏韵律也不甚清楚，为了不辜负这位名师的信任，我开始认真"研究"起这些对联来。

这些对联一看就是花了不少心思的，换我去写，真写不出这些诗情画意的感觉。

作为名师工作室的楹联，当然是用来讴歌教师的奉献精神和工作水平的。第一、二副对联有些长，不过内容对仗。"播雨耕云"暗喻辛勤劳动，对应"呕心沥血"，形容教师品质。两个下联都是描述教师的劳动成果。第三、四副对联内容简洁，节奏鲜明，个人比较喜欢。最后一副更多侧重于写景，没有体现教师的职业特点，似乎不太适合。

在对联的学习中，我也绞尽脑汁地写了一副——“杏坛耕耘筑千秋，桃李吐芳沐春风”，发给了她。

《论语》有云：“君子务本，本立而道生。”这个“本”是什么？不同人在不同语境下有不同解释。其实这个“本”就是一种道德品质，一种做人的根本。只有生在根上的东西才可能成才。通俗点说，就是做事的态度和责任心。有心为之，难也不难；无心为之，不难也难。这位名师在组织开展教研活动，促进团队专业成长之余，还想着给工作室“化妆”，写个楹联，她是用心想着把事情做好。

前两天看一则报道，可可西里的荒漠里最壮观的景象就是藏羚羊的迁徙，但藏羚羊需要领头羊的带领才能完成大规模的转移。一个团队的领军人物就像领头羊，往往比其他成员更要费心费力，要谋篇布局，创新思考，这样才能正确引领团队，前进时才不会绕弯。当然，这其中更需要每个成员的齐心协力。只要大家的“本”没有跑偏，前进方向正确，就不怕未来遥远！

教师的工作绝不是一个人的事。一个人的优秀不算真正的优秀，能带动一个优秀的群体才是真正的优秀。因此，要努力扩大自己的影响，不仅影响学生，也要影响周围的同事。你的品格，你的工作态度，你的工作方法，你的工作业绩，都能给人以震撼，努力让自己成为大家追随与学习的榜样。做默默耕耘的老黄牛，自然值得称道，但能做带领同伴走向水草丰茂的广阔天地的领头羊，更值得推崇。

坚持，成就最美好的自己

人这一生，在自己的哭声中开始，又在亲人的哭声中结束，走过的这一生就是要成就最美好的自己。

每个人都要有自己的活法。既然选择了远方，便只顾风雨兼程。付出才会有回报！弱者找借口，强者找答案。有的人只想不做，想的都是问题，做才会有答案。有的人只做不想，埋头拉车固然可喜，但是不仰望天空只会事倍功半，费时费力，甚至白费力气，做无用功。还有的人不想不做，像婴儿一样活着，那就是寄生虫。想和做还有一个前提，那就是学习。学习是输入，没有输入，何来输出！

向优秀的人学习！向高手学习，会让你变得更加优秀。榜样的力量是无穷的，可以让人们看得更远，脚步迈得更加有力。榜样的精神是鼓舞的，会让人们在受挫时坚定、迷茫时清醒。俞敏洪说，生命中要有自己的榜样。优秀的人就是自己的榜样。这个榜样可能生活在一千多年以前，也可能就在你的身边。榜样不一定都是有惊天动地伟绩的人，也可以是身边平凡的人。如果我们用心地去寻找，就会惊喜地发现：榜样无处不在！向优秀的人学习，首先要有自己的目标，其次给自己一点压力，最后要明确自己的定位，慢慢地锤炼自己的本领，成就更好的自己。

克服内心的恐惧。向前一步是幸福，退后一步是孤独。有时候，我们太在意别人的目光，害怕自己会不成功而遭人笑话。这种过分在意让我们失去了很多的机会！有一个男孩，大学四年没有谈过一次恋爱，没有参加过一次班干部竞选，没有一次站在讲台上发表他的感言。有人不相信还有这么悲摧的男孩。可是他不但有，而且你知道他是谁后，一定会万分惊讶。因为他后来创业成功，家喻户晓，他就是新东方创始人俞敏洪。在经历三次高考之后他顺利进入北京大学英语系。按理说他很优秀，因为那是北京大学，找到一个自己喜欢的女孩不会很难。为什么他在大学里就没有发生这些美好的事情呢？原因只有一个，他恐惧！他害怕失败！他怕女孩拒绝他时眼中不屑的目光。

勇敢地去面对。成功和失败常常是一对孪生兄妹。没有失败，哪里来的成功？世人常常用挑剔的眼光看别人，却用宽容的眼光看自己。《伊索寓言》上有一个经典的故事：每个人的脖子上都挂了两只口袋，分别装着别人的和自己的缺点，他把装别人缺点的口袋挂在胸前，把装自己缺点的口袋挂在背后。因此，人们总能看见别人的缺点，而看不见自己的缺点。从这个故事中可以看出，人是难以认识自己并且容易满足。因此，我们需要加强学习，克服自满，勇敢地接受挑战。

其实，一个人优秀一定有他优秀的道理。不经风雨，如何见彩虹？挫折是一道闪电，电闪雷鸣、狂风暴雨后自会有别样的风景。归根到底，命运的改变不是一瞬间的事，而是把一个个瞬间坚持下去，进而持续发力的结果。

观察我们周围的教有所成的名师朋友，虽然每个人的成长经历不尽相同，但在教学研究的路上往往都具有以下共性。

一是他们不满足于现状，对问题充满热情，能够独立思考，将“看不见”的问题变成“看得见”的成果，在解决问题的过程中获得提升。

二是他们注重积累，践行“知行合一”。他们不是为研究而研究，研究的目的在于改进实践，提高工作质量。

三是他们合作意识强烈。在教学上有困惑时，他们虚心求教，不耻下问;在教学上有经验时,积极推广,努力与他人分享,将合作化为真切的实际行动。

教师迈进教学研究的门槛,是在追求自身专业水平的可持续发展,也是一种不断从“必然王国”走向“自由王国”的飞跃。在教学研究的舞台上,提升自我,寻找教育的幸福,是每一个有志于教育工作的人应该追求的理想境界。

做那个会找到金表的人

受省教育厅教师培训部门委托，去一所县城调研国培项目的实施效果。其中有一项任务，就是需要召集参加过国培项目的教师开一个座谈会。

印象中，那次座谈会气氛热烈，发言踊跃。每一位教师都急切于分享自己的感受，仿佛有许多的话要说，这与先前到过的几个区县有较大不同。其中有位女教师的发言至今令我记忆犹新。

她分享了一个小故事——《做一个寻找金表的人》。

> 国王的金表丢了，全城的人都纷纷出动来寻找，大家到草丛中、山坡上，找遍了各个角落也没有发现。第二天金表被一个人找到了，大家都很好奇，问他是怎么找到的。他说："你们都在白天去寻找，乱哄哄的没有头绪。我是晚上一个人慢慢去寻找，因为夜晚很安静，通过听金表指针的振动声，就很容易找到了。"

教师上课亦是如此，在课堂上直接告诉学生答案虽然快捷，但并非是最好的方法，因为学生失去了思考的过程和主动发现并解决问题的锻炼。培训也是一样，好的培训不再是向学员输入一些事实性的知识，而是培养他们的高层次思维能力。

教师培训与课堂教学一样，有三种境界：其一是授人以鱼；其二是授人以渔；其三是授人以渔识。所谓“渔识”，就是教会学生解决问题的方法，从而学会举一反三。我们常常费尽口舌，以至于口干舌燥，那是因为还没有找到“寻找金表”的最佳途径。

有人说，爱一个人，恋一座城。爱这个城市，大约是因为城里住着一个你喜欢的人。一个醉心教学的人亦是如此。孔子说：“教学相长。”因此，一个热爱学习的人，他的教学水平一定不会差。一个教学水平好的人，他的学习意识也一定会很强，会为了心中的梦而勇攀高峰！

那么，教师到底要学什么呢？

最需要了解前沿的教育理念。新课程改革过程中，人们对教育的深层认识发生了根本转变。优秀的教师应该了解并熟悉这些变化，并在教育实践中加以落实。不断地更新教育观念，就显得尤为重要。

专业知识也是教师学习的重点。在学生时代所学的东西，往往已过于陈旧。“学然后知不足，教然后知困”，只有学而不厌的人，才能诲人不倦。

要学习就要多读书。在汗牛充栋、浩如烟海的书籍中，初教者要多关注那些研究教育教学规律的书，多从简明的教育案例、教育叙事中寻求启示。

除了向书本学习外，初教者还要向同事学习，甚至向学生学习。“独学而无友，则孤陋而寡闻”，学会相互学习，通过团体的学习来推动自身的发展。教育的过程就是师生共同学习的过程，放下师道尊严的架子，虚心向学生学习，才能真正体现师生平等的内涵。

人生应当享受生活，而享受生活最大、最妙的做法正是享受工作和学习。

做个爱读书的教师

“所有的大人都曾经是小孩，虽然，只有少数的人记得。”“重要的东西用眼睛是看不见的，只有用心才能看清楚。”这是前不久参加合肥市一个市级音乐名师工作室读书活动时，一位教师分享的《小王子》这本书里印象最深的两句话。

每个人都是从童年走过，当我们成年以后，却忘记了我们曾经也是孩子。万花丛中过，片叶不沾身。当我们身处繁华尘嚣之中，能抵住世俗的诱惑，保持本心，不受外界影响，是非常不容易的。

读书可以滋润人的心田，让你永葆青春。这种青春并不是外在的容颜，而是内在的修养、待人处事接物的做法。腹有诗书气自华，最是书香能致远。读书对人的影响是潜移默化的，它会影响你的思维方式，改变你的言谈举止，让你遇见一个更好的自己。黄庭坚说：“一日不读书，尘生其中；两日不读书，言语乏味；三日不读书，面目可憎。”现在网上流行说：一日不读书，无人看得出；一周不读书，开始会爆粗；一月不读书，智商输给猪。在一开始，读一本书并不能给一个人带来多大的改变，因为靠读书所追求的成功，还需要很多客观的因素，需要很长时间的积淀。但是不读书，却能很轻易地改变一个人。

有这样一则小故事，读来趣味横生，令人过目不忘。

一天，小孙子问道：“爷爷，我试着像你一样读《道德经》，但是不知怎么回事，我都猜不透那里面的意思。有时，我似乎理解了一丁点儿，可是一合上书，脑袋中又立刻忘记了。这样读这些书有什么收获呢？”

老人安静地将一些煤投入火炉，然后说道：“用这个装煤的篮子去河里打一篮子水回来。”

孩子照做了，可是篮子里的水在他回来之前就已经漏完了。

孩子一脸不解地望着满脸沧桑的爷爷。老人看看他手里的空篮子，微笑着说：“你应该跑快一点儿。”说完让孩子再试一次。

这一次，孩子加快了速度，但是篮子里的水依然在他回来之前就漏完了。

他对爷爷说道：“用篮子打水是不可能的。”

“你真的认为一点儿用处都没有吗？”老人微笑着说，“你看看这篮子。”

孩子看了看篮子，发现它与先前相比的确有了变化。篮子变得十分干净，已经没有煤灰沾在竹条上面了，连提手也变得更加有光泽了。

“孩子，这和你读古典书籍一样，你可能只记住了只言片语，它的意思或许你一点儿也不理解，但是，在你阅读的过程中，那些文字以及你朗诵时的气氛，它会影响你，会净化你的心灵。”

这个小孩记住了这句话。后来，他一直本着这样的信念，终身与书籍为伴，不断进取，最终成为我国宗教学的泰斗——他就是已故国学大师任继愈先生。

读书可以让这个世界变得更加美好。在书中，你可以与古今中外的大师对话，学习他们的思想，了解那个时代的风土人情，让自己的精神变得更加丰满，就像缸中的水，慢慢地充盈起来，照亮每一个路过的人。

罗曼·罗兰说，和书籍生活在一起，永远不会叹息。读书和不读书的最大差别就是人的精神状态与气质不同。我一直都相信一句话，“你的气质里潜藏着你读过的书、爱过的人和走过的路”。

孟德斯鸠说，喜欢读书，就等于把生活中寂寞的晨光换成巨大享受的时刻。对于教师而言，读书要基于兴趣、基于专业、基于使命。兴之所至，心之所安。读自己感兴趣的书是第一重要的。作家毛姆说：尽管有些书，很受推崇，如果你觉得不喜欢，也尽可能不去读它。这种兴趣不是天马行空，随心所欲。能娱乐生活的兴趣类图书固然重要，但经典读物才更有营养。就像是快餐吃多了，虽然爽口，但却对身体没有太大好处。快餐可偶尔吃一下调剂生活，持久食用似乎不好。专业类图书是职业需要，课本、教参、教辅类图书是教师的“吉祥三宝”，除此之外，其他书读得甚少。其实，教育哲学、教育理论、教学方法、前沿政策等都是教师值得学习的必备书籍。至于读书的最高境界，就是一种外在的使命担当和内在的自我觉醒。打开书读，关上书思，放下书写。读书是一种享受，没有书读反而难受。教师不仅要读书，还要能写书，把自己独立的思考，用文字记录下来，打动或影响身边的人。

好看的皮囊千篇一律，有趣的灵魂万里挑一。读书，是一种精神的追随，让自己的灵魂变得优雅而又富有活力。

在读书活动结束的时候，借用别人的两句话送给音乐老师们：“只要有音乐在，你们的灵魂就永远不会寂寞。音乐，人类的灵魂，只有懂得音乐的人才懂得生活。”在这里，我把这两句话稍微改变一下：读书，人类的灵魂，只有懂得读书的人才懂得生活。只要读书在，你们的灵魂就永远不会寂寞。

辑五

不怠慢生活　用心去感受

生活真像这杯浓酒，不经三番五次的提炼，就不会这样可口。

——郭小川

必须如蜜蜂一样，采过许多花，才能酿出蜜来。

——鲁　迅

趣谈团队

西游团队有别于水浒团队，一个是去西天“取经”，一个是“闹革命”，同样是做事情，结果却迥然不同。

火车跑得快，全靠车头带。一个团队的领导非常重要。西游团队中哪位成员担任领导职务？那一定非唐僧莫属。为什么这么说？首先，领导观念很重要。西游团队的主要任务就是取经，这一点唐僧的信念最坚定不移，无论遇到多大的艰难险阻，他的目标很明确，就是早日拜见西天佛祖，取到真经。第二是操守。唐僧人品很好，拒腐蚀，不爱金钱，不图名利，不恋女色，四大皆空，一直遵守佛家清规戒律，严格要求自己。第三是人脉。唐僧人际关系广，不仅是如来佛祖的二弟子金蝉子转世，还是唐王结拜兄弟。取经路上，他的态度最虔诚，遇到菩萨，无论真假，都下马叩拜，即便看见山神土地也都敬仰有加。第四是能力。唐僧看似无能，其实他也有长处。他能合理分工，做好团队协调工作，悟空降妖，八戒挑担，沙僧牵马。当然，唐僧也有短处，诸如认人不清、胡乱猜疑、偏听偏信、耳根子软等。

倘若让悟空当团队领导，西游记的故事可能就不存在了。他的能力最强，一个筋斗十万八千里，根本不需要历经九九八十一难，直接找佛祖拿经文岂不方便。悟空的优点是忠诚，被压五指山，感恩师父解救之情，为师父取经保驾护航。他的缺点是急躁易怒，皈依佛门前人际关系欠佳，到东海龙王处借兵器得罪了邻居，大闹天宫又得罪了一批天神。再看八戒，意志不坚定，时不时闹分家，还禁不住美色诱惑，不过他活得最轻松自在。沙僧能力平平，口头禅就是“大师兄，师父被妖怪抓去了”，缺乏当领导的气质。

回头说说水浒团队，一百单八将，个个是一等一的英雄。及时雨宋江的武艺小说里没有展示，不过想来一个衙门押司的拳脚跟八十万禁军教头的林冲无法同日而语，但是他最大的优点就是重情义，聚集了一批人，死心塌地地跟着他上梁山。宋江的问题在于观念，他的阶级成分决定了“投降派”的本质，最后导致全军覆没，兔死狗烹。

有个段子，评价西游团队的成功原因。唐僧说“我有崇高的信念”，悟空说“我有过硬的本领”，八戒说“我遇到一个好师傅和一个好师兄”，沙僧说“我老实巴交，诚实守信”。其实，成功的原因就是拥有一个好团队。

从西游团队和水浒团队反观今天的学校教育，教师的合作应该建立于良好的教师团队之上。因此，学校要着力于营造一个良好的教学研究氛围。每一位教师都应该把自己看作是团队的一分子，而不仅仅是群体中可有可无的一个。

马卡连柯认为，教师集体意味着有共同的见解、有共同的信念、彼此间相互帮助、彼此间没有猜忌。年轻的教师们，每个人都会有自己的想法，每个人如果都按着自己的想法去做，那就像几匹马拉车，没有统一的指挥和方向，无论如何也拉不好车。只有统一方向，遵循一定的规律，马车才能沿着正确的方向前进。

在我们的生命中，有很多的时间是在团队中度过的。在共同的教育责任感之下，建设好教师团队，每一个教师都将集体视为自己生活的重要空间。由此，我们才将收获真正意义上的志同道合的教育友谊。

“恨”的背后是“爱”

“人生就是一次次幸福的相聚，夹杂着一次次伤感的别离，我不是在最好的时光遇见了你们，而是遇见了你们，我才有了这段最好的时光。”

这是电影《老师·好》中班主任苗宛秋对学生说过的话。

一段真挚朴素的语言，让人不自觉间联想起自己的高中时代。那时，世界很大，我们很小，时光很美好。班主任仿佛总是紧蹙着双眉、一副很严厉的样子。任课老师还算亲切，只有在月考后才会让你有提心吊胆的感觉。同学们平时嘻嘻哈哈，没有任何压力，但进入高三以后，那种分秒必争的氛围至今难忘，令人感到喘不过气。

《老师·好》是一部忆青春的电影。影片以1985年南宿一中某班高中生三年生活为主线，详细描述了班主任苗宛秋和他的学生们“斗智斗勇”过程中的“爱恨情仇”。

影片里每一个角色都是那样个性鲜明。认真耿直的班主任苗宛秋，近乎粗暴无情的外表下大爱无边；放荡不羁的洛小乙看似桀骜不驯，其实情真意切；家境不错的关婷婷，自告奋勇、检举揭发和真诚道歉等情节入木三分；温婉可人的班长安静，最后的结局令人唏嘘不已。

一群可爱的高中生，一个令人难忘的回忆，一组生动真实的镜像，让我们回到了那个难以忘怀的年代！

影片伊始，借老师们的对话引出故事主线——苗老师的自行车。这辆车是教育局的奖励，也暗示着对苗老师工作的肯定。在这部片子里，围绕这辆自行车发生了不少故事：学生跳迪斯科破坏瓦圈；高高悬挂在旗杆上"调虎离山"；苗老师骑车带小乙去医院看受伤的爷爷；全班集体出动寻找丢失的自行车；安静借苗老师的自行车替老师申冤时发生车祸……

1965年，作为全省第一名考入北大中文系的高材生，这是影片对班主任苗宛秋的介绍，他因为家庭出身的时代背景而被迫选择师范，最终来到南宿一中担任高中语文教师。他的梦想就是希望孩子们能达成他未了的心愿，考上一所理想的大学。他看似苛刻无情，蛮不讲理，在开学的第一节课上就擦去学生的口红、禁止学生烫头、没收了学生的香烟和武侠书等，然而严厉的背后是默默地关注和守护。影片中他对学生的温情随处可见。当洛小乙自暴自弃混社会的时候，他勇敢地闯进去解救；高考前给安静同学送去托人从上海买来的高三复习书；甚至给孩子们无偿补课被停职检查仍然无怨无悔。当年每个好老师的形象都是这样，因为真实，所以可爱并令人尊敬。

生命就是一场救赎！每个灵魂都是孤独的行者！就像世界上不会找到两片相同的叶子一样，每个鲜活的个体都是不一样的天使。教育是什么？教育就是尊重和爱！当你把人看成了人，让每一个人都能有尊严地活着，教育就实现了它在现实社会的使命和担当。

爱不仅仅是嘘寒问暖、雪中送炭，有时候铁面无私、严酷无情，甚至夹杂着让人无法理解的惩罚手段，这不也是爱的一种表达方式！

影片中不时闪现出一些知名影视人物，吴京、何冰、胡军、马未都、张国立……一众影视明星化身人民教师，为于谦扮演的班主任苗宛秋摇旗呐喊。这些本是"红花"的人物扮演着不同的"绿叶"，让人忍俊不禁，增添了不少喜剧色彩。观众们在电影院里看着看着就笑了，笑着笑着又突然哭了。每个人似乎都从这位苗老师身上找到了青春记忆里那位严厉管教过自己的老师。

一部影片，不仅能勾起人们对生活的美好回忆，同时还兼具一定的教育意义，给人以思想的启迪。除了开头的那句以外，诸如，“在人生的道路上，有很多十字路口，而最重要的，可能就这么一两条，你现在要选择的，应该是最适合你的。”“有些人，看似已经走远，却从未真正离开。”

一个好老师改变了一群孩子的命运。为什么影片会给人留下如此深刻的印象？那是因为在心底深处让你找到了当年自己记忆里的影子。在每个人成长的道路上，都会有一个令你“爱恨交加”的人，你曾经是那么不理解，但若干年后却又会幡然醒悟，泪流满面。

时代呼唤吃苦耐劳的精神

《夺冠》这部影片气势磅礴，撼人心魄，看后令人热血沸腾，是近年来国产体育影片中不可多得的一部好片，非常值得一观。

电影讲述了三代中国女排的成长历程，很有画面感，看过之后作为中国人的自豪感、幸福感油然而生。

当我们提到女排精神，更多是在文字中，但电影的艺术表现更有张力，更有立体感。女排精神是什么？有人说女排精神是自我加压，敢于争先；有人说是团结协作，顽强拼搏；有人说是勇攀高峰，为国争光；也有人说是不抛弃、不放弃，永不言败。看完影片后，我觉得，除上述以外，女排精神还包括不断地挑战自我、战胜自我、超越自我，把不可能变成可能。

观感一：时代呼唤吃苦耐劳的精神！

和平时期的人们常常觉得一切顺其自然，浑然天成。尤其是物质丰裕了，有些人却变得懒怠。有的孩子吃一点点苦就叫委屈，受一点点累就会抱怨，常常满足于现状，不思进取。回头看看20世纪80年代的第一代女排，她们顽强拼搏、永不言弃，多少次刻苦训练，多少次挥汗如雨，多少次伤痕累累，才有了问鼎世界杯冠军的辉煌。这就是女排精神！

影片伊始，白浪扮演的青年郎平出场。有一个镜头就是在举杠铃，不举起100公斤誓不罢休，彭昱畅扮演的陪打教练陈忠和安慰她说："钢铁也不是一天练成的。反正你也举不到100公斤，明天我就跟教练说你练到了。”不服输的郎平终于做到了，陪打教练吓坏了，说：“你不要你的腰了吗？”一个人越怕吃苦，就越要吃苦。不吃苦中苦，难为人上人。管中窥豹，可见一斑。这在女排队员的身上表现得尤为真实。

观感二：人与人之间是相互影响的！

初来乍到的陪打教练一脸茫然，组织上并没有告知他，他的工作是陪打，只是说来这里工作45天就可以了。最初的心情还有些不情不愿，甚至有点小情绪，陪练时也有些菩萨心肠，心慈手软，发球不够狠。在吴刚扮演的主教练袁伟民敦促下，才不断加大送球力度，后来又主动模仿日本队球员江上由美的发球姿势，真正融入这支队伍。除了打球，他还经常与女排队员交流，了解她们的思想状况，为她们排忧解难，激励她们不断进步。在女排与江苏男排对阵中，他告诉郎平，如果你们打赢了，我就一辈子陪你们打下去。在女排去大阪参加世界杯时，他主动请郎平喝咖啡，郎平代表女排队员赠送他一件“全员参与，集体编织”的爱心毛衣。电影中有一个镜头，在一次训练中，郎平问陈忠和：“你就甘心做一辈子陪打教练吗？”陈忠和笑着说：“只要陪着你们打，我都愿意。”郎平又说：“可是我们迟早会有打不动的那一天，你就没有想过当中国女排的主教练吗？”没有想到当初两个人的对话，20年后，竟然成真。

观感三：没有人能笑着拿世界冠军！

千里马常有，伯乐不常有。袁伟民、陈忠和和郎平三位教练正是中国三代女排的伯乐。正是这种文化传承让中国女排精神发扬光大。一代女排主教练袁伟民采取的训练方式堪称“魔鬼式训练”。“今天大家在场上表现不好，继续训练，防三十个好球。”“当你的判断成为下意识的时候，你在赛场上才能打到正确的位置。”

他有多狠？就是一个球接着一个球，用尽全力向队员身上砸去。球砸在人的身上，实际上是打在人的心里。若干年后，陈忠和担任主教练后，曾经指着墙壁上一个凹下去的球印对新队员说，这就是当年郎平打出的印迹。大年三十的晚上，他还陪着队员们练球，一直到大年初一。当队员们精疲力竭地回到食堂，突然发现他们的父母出现在眼前，要与他们一起包饺子，度过这个迟到的春节，那种惊喜令人感动。袁伟民教练看上去很严厉，可是他知道，别的国家的队员在赛场上不会对自己的姑娘们手软，所以如果想让自己的队员不被欺负，就只能让他们变得更加强大。他告诉队员们，我们要赢，我们必须要赢，我们是为国家打球的。袁伟民看似无情、严厉、苛责，但内心却充满温情。在大阪夺冠的最后一战中，比分交替上升，扣人心弦，激烈程度可想而知。关键时刻他激励队员："是坐在这里唉声叹气，还是把损失抢回来？证明给别人看，中国队行的！""我们在什么地方打球？你们代表了中华民族，这场球拿不下来，你们会后悔一辈子。"最终女排姑娘一鼓作气，顽强到底，获得胜利。影片里万人空巷，许多人走上街头，又唱又跳，情不自禁。那是一种油然而生的民族自豪感，这也是中国女排第一次登上世界之巅，获得第三届世界杯冠军。

勤能补拙，世界上最令人害怕的能力就是"勤奋"。中国女排之所以成功，就是靠一种团队精神，大家比拼劲，比韧劲，不服输，不放弃，不言败。镜头中有一个队员训练时大腿受伤，伤口鲜血淋漓，但她眼含热泪，依然坚持，这种拼搏精神难以用言语表达。

观感四：我们为什么要打排球？

很多时候，我们做一件事，很少静下心来去认真思考我们为什么要做这件事。譬如你努力工作的目的难道仅仅是养家糊口、三餐果腹之需，有没有是为了更加幸福的生活？或者是让自己的生命变得更加丰富多彩，更有意义？

电影中有几个有意思的镜头：刚刚走马上任的女排主教练郎平在队员中做问卷调查，你的爱好？家庭背景？特长？你为什么要打球？大家爱排球吗？结果令人失望。几乎无人作答。后来，当女排队员朱婷回答自己打球的目的是为了父母，为了自己时，郎平沉默了。她采取了一个与众不同的方式，既然队员们不知道为什么打球，那今天晚上全睡在这里，好好想想女排精神。电影没有刻意煽情，所有的情绪都点到为止，却恰到好处，自然天成。

一个不爱打球或者不知道为何打球的球员，每天却忙得昏天黑地，这不是对生活的讽刺吗？反观这大千世界的人们，有多少事与电影中的故事相像？

观感五：让自己内心变得更加强大！

为什么你那么在乎输赢，是因为你的内心还不够强大。郎平说："外国记者曾问我，为什么中国人这么害怕输掉比赛。我回答她，因为我们的内心还不够强大。等有一天我们内心强大了，我们就不会把赢作为比赛唯一的价值了。"

在里约热内卢奥运会那场对阵巴西的生死决战前，郎平告诉她的队员："世上只有两条路，放下一切，轻装上阵；畏首畏尾，死路一条。别被对方牵着走，打出自己的节奏。"当抛却了"赢"的包袱之后，我们才能真正懂得夺冠的意义，不是我比你强，而是我把不可能变成了可能。

生活也是一样。很多时候，我们对未知世界充满了恐惧，是我们的内心不够强大。强大与否，在于我们的生活阅历是否丰富，在于我们对待人生的看法。鹰有时候也许会落到地上，但鸡永远也飞不到高空。有一天，当你能像雄鹰一样，俯瞰大地，傲视苍穹，阳光照在羽毛上，你的内心会充满温暖和希望，感恩那些遇见和不懈的奋斗。

观感六：快乐打球！快乐生活！

打排球应该是快乐的，就像我们的生活一样。好好享受体育本身，快乐去打球。郎平担任中国女排主教练，对女排做了大刀阔斧的改革。扩大主力球员阵容，优胜劣汰，强化教练员队伍等，但最重要的是理念的变化。郎平不仅是教球员打球，还教球员做人。

郎平说过："排球不只是我们的工作，还是我们生命的全部。你不仅是优秀的运动员，还是一个优秀的人。球可以输，人不可以输。人最不愿意的就是年轻的时候对不起自己，不是只有输赢，而是努力生活的状态。”学习也是一样，我们为什么学习？大家热爱学习吗？学习的过程应该是快乐的。成功不能单纯用输赢来衡量，重要的是我们对待输赢的态度和心理素质。

当电影中那个叫陈璐的球员说：“人生不只是打排球拿冠军这一条路。我想走自己的路，我准备去考大学了。”起初我有点惊讶，但随后又觉得这才是生活本身。一个人如果坚持做自己不喜欢的事，就是痛苦的。

生活就是不伪装，是真实的，人也是一样。这个世界上，有人生活在梦想中，有人生活在现实里，而有人生来就要改变自己！

观感七：知己知彼，百战不殆！

电影里有这样一个镜头，里约热内卢奥运会出发前夕，一位女排主力落选，感到委屈。其他队员说：“为什么不让她参加奥运会，一个人能有几个奥运会？”教练说：“对手已经把她摸透了。”知己知彼，百战不殆。人与人之间即便再熟悉，也要保留一点私人空间。

整部影片拍摄得很真实，传递出一种积极向上、团结进取、顽强拼搏的正能量。演员对角色的拿捏和把握也很到位。演员巩俐把郎平这个人物演活了，一颦一笑，一举一动，都能感受到世界冠军主教练的风采。吴刚扮演的袁伟民也很不错，将“稳、准、狠”的风格演绎得淋漓尽致。黄渤扮演的成年陈忠和与彭昱畅扮演的青年陈忠和表演也很到位，足见演员的表演功底。新一代女排队员惠若琪、丁霞、张常宁、朱婷等全部本色出演。“三分天注定，七分靠打拼，爱拼才会赢”，就像影片里歌曲中所唱的一样。

最后用一句话来概括中国女排精神：爱国是灵魂，团结是保障，拼搏是品质，三者缺一不可。

怀念青春

去看望一个生病的朋友，一起到巢湖岸边的湿地公园散步，说说笑笑，不知不觉，一转眼就到了午后。望着他术后有些憔悴的脸庞，不经意间又想起二十多年以前在“桃花坞”上高谈阔论的场景。

初秋的颜色

那年中秋节，我们都没有回家。一起跑到校外的草地上畅谈人生，抽着不到两元钱的香烟，学校虽然没有明令禁止大学生抽烟，但那时刚刚走进象牙塔的我们觉得抽烟还挺时尚。依稀记得那烟的名字叫“黑猫”，现在早已不见了踪影，虽然有些呛人，但那种感觉至今记忆犹新。

傍晚时分，秋风拂面，丝丝凉意，沁人心脾。已经有小草开始褪下绿色的面纱，换上金黄色的外套，在夕阳余晖下裙襟飞舞、摇曳生姿，那一抹绿黄永远沉淀在我们记忆的华章里，与之相伴的还有两个年轻人对未来生活的美好期许。

其实，每一个人的青春都是一段值得被纪念的过往。在你的记忆深处，都会有那么一段美不胜收的光景。多年之后，仍然可以穿过纷繁的记忆，回到那个曾经的青涩年华，重新体验那些年热情挥洒的浪漫和那些年懵懂不知的笑容。

冬日的风景

那年他正热恋中，每天行色匆匆，除了学习和约会，我们很少有机会像中秋节那次无忧无虑地闲聊。我很佩服他对爱情的追求，勇气我是不如他的。冬天的大学校园格外清冷，雪也比往年来得早一点。还记得他的女友为他织了一条洁白的围巾，一度令人艳羡不已。有一天，他兴致勃勃地拿出几张他和女友在雪地的合影，背景犹记得是校园里那个经典的竹林，大地一片银装素裹，唯有翠竹傲雪。而那条白围巾在一对俊男靓女的身影下化作记忆中的白月光，留在我最美的青春岁月里。

时光流逝，白云苍狗。有人说青春是用来回忆的，我想青春也是用来疗伤的。一段爱情，一个故事，一段回忆……生活的千滋百味，成就了我们绚丽多彩的人生。

春天的花儿

学校坐落在月亮岛上，一个特别有诗情画意的名字，我猜测是岛的形状像月亮，故此命名。不过也未可知，毕竟在那里学习和生活的几年里也从未考证过。

月亮岛四周被淠河围绕，淠河是淮河的支流，一年四季，奔流不息。林在岛上，校在林中。校园墙外是一大片桃林，确切点说，是学校被桃林环抱，岛上除了学校就是桃树，所以我们都笑称自己生活在“桃花坞”里。

桃花春色暖先开，明媚谁人不看来。春天是桃花的季节，阳春三月，桃花怒放。那粉红色的小可爱，一朵紧挨着一朵，挤满整个枝丫，密密匝匝，犹如一片朝霞。周末时分，这里是学生的天堂，三五成群，往来如织。那时候，他俩还在延续冬日的甜蜜，常常结伴而行，相约桃花丛中。

桃花一簇开无主，可爱深红爱浅红。杜甫用这首诗表达自己对桃花的感情。无论是浅红的妖娆，还是深红的恬静，都是我们的最爱。其实，最令我难忘的，还是在阳光明媚的春日，当我们骑着单车，沿着校园外的水泥路，看着成千上万株桃树缀成粉红与雪白相间的花潮，沿着绿色的田野，向我们眼前奔涌而来的情景。

夏夜的月光

那年夏天行将毕业，我们坐在大操场上，在皎洁的月光下，回忆美好而艰辛的校园生活，时光犹如漏斗中的沙石悄然溜走……有多少不舍填满心房，又有多少不舍化作希望。站在漫漫求学路转折点的我们，满怀雄心壮志，遥想未来，既有不安和彷徨，又充满希冀和盼望。有的同学即将出国深造，有的同学积极准备考研，有的同学留在市内就业，还有的同学鸳鸯成双回故里，而我也将要回到家乡，等待分配。

斗转星移，那些美好规划，仿佛还历历在目，好像猛一抬头还能看见月亮，可惜一转眼就消失得无影无踪。这一转眼就是二十五年，我看着身边的朋友，看着青春不再的额头和日渐发福的身材，感叹时光匆匆。

从童心未泯的稚气少年，到踌躇满志的青中壮年，感叹光阴荏苒，仿如白驹过隙。想起那句经典的老话：往事不可追，来日犹可期！

生活造就了我们，而我们成就了生活！

不可或缺的时代精神

精神是相对肉体与形骸而言的，它是大脑的一种思维活动，也是生物体脑组织所释放的一种不可见的能量。一个人有两个世界，一个是显性的物质世界，另一个就是隐性的精神世界。

动物有无精神世界，我不得而知。如果有，也一定是低级的吧。因为只有人类才具备高级的思维能力，会思考是人和动物之间最大的区别。按照马斯洛需求层次理论，人类在解决基本的生理需求后，会逐步追求更高层次的需求，这种自我实现的需求其实就是一种高级的精神追求。

现在我们常常听到这样的话，拯救人类的灵魂，寻找失落的精神世界。因此，这里我想谈一谈这个时代我们应该具备的几种精神。

雷锋精神

自毛主席题词"向雷锋同志学习"以来，雷锋的名字在中国家喻户晓。从某种意义上说，雷锋已经不再是一个名字，而是一种精神的象征。这种精神的本质就是乐于助人，甘于奉献，不怕吃苦，慎终如始。一个人做一件好事并不难，难就难在他坚持不懈地去帮助别人，不计报酬。反观我们现在的生活，不少孩子学习成绩很好，却不愿意参加集体劳动，有好东西不愿意与他人分享。成年之后，在工作中常常事不关己，高高挂起，有利益向前冲，是公益向后退，凡事把个人利益放在第一位。虽然这些是个别现象，但足以引发人们深思。雷锋精神不能只依靠外因推动来实现，它需要自我由内而外的唤醒和鼓舞。陶行知先生说："真教育是心心相印的活动，唯独从心里发出来的，才能到达心的深处。"一个人既要爱自己，也要爱他人。正所谓送人玫瑰，手有余香，助人乃快乐之本。有些事对你而言，可能是举手之劳，对他人而言，却可能是一辈子的感动。我们衡量一个国家和民族的文明程度，在一定程度上，取决于这个国家的人民是否有爱人和仁爱之心。

龙舟精神

每年端午前夕，中国的很多地方都会举行龙舟比赛，最初是为了纪念伟大的爱国主义诗人屈原，后来慢慢演化成一种民间的体育竞技运动。中国有一句老话，"兄弟同心，其利断金"，意思是团结起来力量大。龙舟精神的精髓就是团队精神，同心协力才能众志成城。慢慢地，它的内涵日趋丰富。譬如：遵守纪律、听从指挥的精神，你追我赶、永不服输的精神，拼搏进取、力争上游的精神。

一个单位，员工的凝聚力是至关重要的。大家心往一处想，劲往一处使，就会有质量和效益。倘若各自为政，就像一个乐队，没有人听指挥，自拉自弹，肯定演奏不出优美的音乐。一艘龙舟上，每个成员都同等重要，击鼓者虽不划船，但他的鼓点振聋发聩，振奋人心。划船的队员要根据他的击打节奏才能让动作整齐划一，心理生理同频共振，最后顽强拼搏，取得理想的成绩。

亮剑精神

看到这个词，首先想到的是那部流行的影视剧《亮剑》和主人公李云龙。他敢打敢拼、无所畏惧、知难而上、勇往直前的荧屏形象令人印象深刻。

所谓"亮剑精神"是指当你遇到无法克服的困难时，你要能勇敢地去面对，失败并不可怕，而最可怕的是你连面对的勇气都没有。朱镕基有句话说得好:“不管前面是地雷阵还是万丈深渊,我都将一往无前,义无反顾,鞠躬尽瘁,死而后已。”这种铮铮铁骨的精神,令人感动,发人深省。

毛主席说过:“人是要有点精神的。”对于一个教师而言,这种精神就是要有理想信念,有道德情操,有专业学识,有仁爱之心;对于一个党员而言,这种精神就是忠诚、担当、使命、干净;对于一个民族而言,这种精神就是有信仰,有目标,有毅力,有血性。

你心柔软，却有力量

岁月流逝，年龄渐长，阅历逐渐丰富，脚步却慢了下来，内心会变得越来越柔软。

路过街头，看见一成人扮演的玩偶，站在商店门口招揽顾客。秋雨连绵数日，今日稍歇，未见往日的熙熙攘攘。他“满脸笑容”地站在那里，显得孑然一身，形影相吊。我看不出他的实际年龄，也看不到他宽大道具服装后的面容，但我想，一直闷在那样的服装里一定不会轻松。

有人说：生容易，活容易，生活不容易。我从内心佩服这位朋友，因为这是他的选择。想起汪国真诗歌《热爱生命》中的一句话：我不去想/是否能够成功/既然选择了远方/便只顾风雨兼程。每个人的生活态度和生活方式不尽相同，他站在那里谋生活，坚定的一丝不苟地工作，让我内心突然好感动。一个认真并执着于工作的人是令人尊重的！如果换作是我，我做不到或者不如他吧！

秋日的黄昏，天黑的也比往日早，特别又是阴雨天。穿过寿春路桥，到古井假日酒店斜对面的小花园边取车。打开车门的瞬间，借着来往车辆的前灯，看见一对老夫妇从我身边走过。一看就知道是来自异乡的拾荒人。两个人背上都背着个沉重的口袋，老头急步走在前面，老太在后面小跑着，她大声地呼喊老伴，大约是看见什么新奇有趣的事，急切地想与他分享。恰在此时，一束车前大灯的光照在老人的脸上，一张皱纹满布的面孔，却笑靥如花，刹那间定格在我的记忆里，这种温暖的质朴无法用语言来描述，却让我想起逝去的外婆。

这个世界上，每个人谋生的渠道和路径都会不一样，但因为热爱，所以充满感动。林清玄先生有本散文集叫《你心柔软，却有力量》，书中表达了他的观点：在人世间，最要紧的是，我们自己有一颗柔软的心，唯其柔软，我们才能敏感；唯其柔软，我们才能包容；唯其柔软，我们才能精致；也唯其柔软，我们才能超拔自我，在受伤的时候甚至能包容我们的伤口。或许，这就是我今天所见所闻的注释……

如果说教育是一场修行，那我们首先要修炼的应当是这颗柔软的心。柔软的心脉，柔软的心跳，柔软的心思，柔软的心怀，柔软的心地，柔软的心音……过去我一直喜欢说“将心比心，人心同然”，也许这仍是苛求的，难以做到的！那么，我们能不能慢慢期许自己，有一颗渐渐柔软的心？

一场秋雨一场寒

秋天的太阳像小姑娘的脸，遇见陌生人就害羞地躲在大人的背后。打十月一日开始，已经连续数周阴雨连绵。时而阴云密布，时而淅淅沥沥，能看见太阳竟然是奢望。

秋天的雨与春天的雨大不相同。春雨贵如油。细雨蒙蒙，如牛毛如花针如银丝，用一个“密”字可以形容。春雨清新细润，如青纱罗帐，染红了桃花，绘绿了菜畦。

秋风扫落叶，一场秋雨一场寒。秋雨绵绵，但总是令人感到肃杀，有“风萧萧兮易水寒”的感伤。秋天的雨稀稀落落，零零散散，看不到春雨的“密”，听不到夏雨的“骤”，找不到冬雨的“慢”。

出门须臾，刚才还是无雨，转眼间又是滴滴答答。没有带雨伞，匆忙急步返回。走到楼梯口，遇见六楼的邻居，才打完招呼，就听见他家的宠物狗呼啸着从六楼疾驰而下，大约这是它每天最快乐的时间了。于是，我躲在廊檐下避雨兼避狗。不经意间看见对面一楼邻居露天养殖的盆栽……我叫不出花的名字，它们随意摆放在这里很久了，有的还与葱蒜为伴，或者其中有一盆就是辣椒。晶莹的雨珠洒在叶子上，一株株抢眼的绿色，让人们感受到生命的力量。虽然普通，但是它们很可爱，给过往的人们带来欢喜和快乐。

很多时候，我们在匆忙赶路的时候，会不经意地忽略身边一些美好的事物。如果真是那样，岂不是遗憾……诚然，生活中原本有许多美妙的东西，只是我们的心太匆忙、太浮躁了，没有好好去品味那些隐藏在生活背后的美好真意。只要我们肯打开心灵的窗户，用一颗平静的心态去欣赏生活、感受生活，也就会发现生命中充满了精彩和快乐。

罗丹说，生活中不是缺少美，而是缺少发现美的眼睛。不会欣赏每天的生活是我们最大的悲哀，其实我们不必费心地四处寻找美。

美，其实就在我们身边，只要有心随处可见。

人生，是一次次的不期而遇

人生，是一次次的不期而遇。

在最想做的时候没有去做的事情，都是人生的遗憾。人生需要深思熟虑，也需要一时冲动。

学画画、拉二胡、打架子鼓，有什么用？短期来看似乎没有什么大用处，但人生有很多精彩的结果不是刻意追求来的，而是在生命中不期而遇、自然而然地涌现出来的。

17世纪中叶的某个夜晚，牛顿坐在苹果树下休息，突然有个苹果掉落，恰好砸在他头上，因此他发现了万有引力。虽然也有后人考证这个故事的真伪，但有一点需要说明，如果苹果多次落在你的脑袋上，你会怎么样呢？发一句不疼不痒的牢骚，抑或乐滋滋地捧着苹果回家？

时间向后推进二百年，一个偶然的原因，在植物学教授亨斯洛推荐下，达尔文跟随英国皇家海军“贝格尔号”穿过了大西洋和太平洋。一路上，达尔文沿途考察各地的地质、动植物的特性，采集了无数的标本，并将自己的发现做了详细的观察笔记。五年后，达尔文提出“物竞天择、适者生存”的进化论观点，完成了《物种起源》。但是，在出发之前，这肯定是他意想不到的收获。

码字之余，窗外有悠扬的琴声传出，时而如涓涓细流，拂人心田；时而如缕缕花香，沁人心脾；时而如万马奔腾，铿锵激昂。天籁之音在邻居孩子的指尖跳跃，愈发有了进步。有一次与小孩的母亲交流，孩子的钢琴弹奏得如此动听，是否要往音乐的方向着重培养？孩子母亲笑着说，顺其自然。学琴的目的不是想成名成家，就是一个兴趣和爱好罢了。孩子打小喜欢弹琴，即便家庭拮据，也要节衣缩食，为他买琴、学琴提供方便，将来多一项技能傍身总不是坏处。假如他有那般造化，一直坚持学下去也未尝不可，只是不要刻意为之就好。

想起读过的一个故事：一个青年去拜师学艺，他夜以继日地刻苦努力，从读书交友到言谈举止都模仿大师的一切，最后却发现事与愿违，进步不大。相反，与他一起来学艺的另一个年轻人没有像他那样刻苦模仿，却进步很大，多次得到大师的嘉许。他很苦闷，大师看出了他的心事，就跟他说："我看你就像一个急匆匆的赶路人，似乎前面有很多的宝贝等着你去拿。"青年说："是啊。我知道智慧之光就在前面，我要披星戴月地去追赶。"大师说："你怎么知道，智慧就一定在你的前面呢？就像蝴蝶，你越是追赶，它飞得越远；相反，等你停下脚步，它却会回到你的身边，翩翩起舞。"

愈是迫不及待，愈是事倍功半。如同歌曲《给自己的歌》中所唱："想得却不可得，你奈人生何？"

水不积也不厚，则其负大舟也无力；风不积也不厚，则其负大翼也无力。数学家谷超豪说，知识和能力是一点一点积累起来的，要注意有扎实的基础，要注意复习和巩固，不能急于求成。

生活需要积累，无论是书中的黄金屋或是颜如玉，还是实践中的一门技术或手艺。生命需要驻足，留一只眼睛给自己，不刻意追求完美，智慧的蝴蝶就会飞到你身边。

人生，就是一次次的不期而遇……

做一个“不低头”的人

人生虐我千万遍，我待人生如初恋。这是网络上的一句流行语，却是对生活的真情流露。

人生就像一本书，需要用一生去读、去品、去悟。有人说，人生有三重境界。第一重境界：看山是山，看水是水。第二重境界：看山不是山，看水不是水。第三重境界：看山又是山，看水又是水。弗洛伊德把人格结构划分为三个层次：本我，自我，超我。生命，只有在追求超我的路上，才能变得通透。

由于一场交通意外，我一时难以低头，往日的伏案成为一种享受和回忆。以往开会的时候，脖子习惯于前倾，时刻准备着奋笔疾书；现在却只能仰着脖子，四顾张望，做一个“不低头”的人！

不是不想低头，而是不敢低头，勉强自己，就会有刹那间撕心裂肺的疼痛。“不低头”的时候思考人生，人是伟大的也是渺小的，伟大源于精神，渺小来自肉体。司马迁说：“人固有一死，或重于泰山，或轻于鸿毛。”就是同样的道理。

生命需要尊重！因为每个人都是上天派来的使者，生得再平凡，也是限量版。孟子说：“爱人者，人恒爱之；敬人者，人恒敬之。”很多时候，我们因为加班加点，忘却了对亲人的关爱，或者工作过分疲惫，透支了自己的生命。

人民教育家陶行知先生说："你的教鞭下有瓦特，你的冷眼里有牛顿，你的讥笑中有爱迪生。你别忙着把他们赶跑。你可不要等到坐火轮、点电灯、学微积分，才认识他们是你当年的小学生。"这句话本意是提醒教师在教学中要做到有教无类，平等对待每一个孩子。其实，对人体的器官也是如此。身体各个部位就像是一个个孩子，哪一处没有照顾周全都会在体检报告中给你以"惩罚"。

人需要警醒自己，不忘初心。就像信仰，点亮你心中的火把，照亮前行的路。低头的时候，不经意间忽略了抬头，满脑子都是做好工作；不低头的时候，开始怀念低头的美好，却发现还有另外一番风景。

生活就是辩证法，俯仰之间，时光如白驹过隙，屈伸之下，恍然顿悟人生。

做一个仰望星空的人

2007年，温家宝总理在上海对同济大学学生即席演讲时，引用了德国哲学家黑格尔的名言："一个民族有一些关注天空的人，他们才有希望；一个民族只是关心脚下的事情，那是没有未来的。"随后，温总理又深情地说："我们的民族是大有希望的民族。我希望同学们经常仰望天空，学会做人，学会思考，学会知识和技能，做一个关心国家命运的人。"

温总理的这席话，语重心长，发人深省。第一次听到时，热血沸腾，心潮澎湃。长期以来，老老实实做人、扎扎实实做事是很多国人的信条，一步一个脚印，便觉得问心无愧。伴随时代发展的步伐，埋头拉车、不抬头看路的老黄牛精神已经不能适应社会的发展。我们需要实事求是，但更需要解放思想。以城市建设为例，这几年合肥的城市面貌发生了翻天覆地的变化。大发展、大环境、大建设令合肥焕然一新，很多到合肥旅游的人都发出感叹："变化太大了，有一种迷路的感觉！"思想无藩篱，行动便充满干劲！

放眼世界，才能胸怀四方。急功近利、过于关注眼前利益是一种短视行为。青年学生是祖国的未来，我们要学会知识和技能，学会为人处世的道理，更要学会仰望天空，学会关心祖国和民族的命运。只有仰望天空的人，才会认识到自己的渺小；只有仰望天空的人，才有独立思考的能力；只有仰望天空的人，才有追寻理想的勇气。

一百多年前,梁启超先生曾说:“少年智则国智,少年富则国富,少年强则国强,少年独立则国独立,少年自由则国自由,少年进步则国进步,少年胜于欧洲则国胜于欧洲,少年雄于地球则国雄于地球。”毛泽东主席在青年时期也说过:“人生自信二百年,会当水击三千里。”这是何等的壮观和气魄啊!

有人说,面对茫茫宇宙,我们仅是一粒尘埃。但渺小不代表没有价值,伟大也会有疏漏。譬如金钱可以买到书,但却买不来知识;金钱可以买到药,但却买不来健康。把平凡的小事做好,你就可以驻足、望空、思考、品味。

我们走得太远,以至于忘了当初为什么要出发。抬头仰望天空是为了低头时可以更好地生活、学习和工作。最后,用温总理的话与大家共勉:努力去做一个有文化的人,一个有思想的人,一个勇于关心国家发展和前途命运的人!尽己所能,不虚人生!

退步原来是向前

插秧诗

手把青秧插满田，低头便见水中天。

六根清净方为道，退步原来是向前。

这是五代梁时布袋和尚创作的一首插秧小诗，语言质朴，意境悠远，将农民插秧的情节和神态跃然纸上，同时又饱含人生哲理，意蕴无穷。

表面上看，这首诗是描写农民插秧时的所见所闻，而实际上，它将一个人修身养性的内涵和作为蕴含其间。

“手把青秧插满田”中的“田”实际上是指人们的心田，这句话中的插秧动作是指人们日常生活中的一切所作所为。“低头便见水中天”，生动再现了农民插秧时的辛勤劳作，低头看见水中的蓝天白云。头顶上的天空和水中的倒影，哪一个才是真实的天空呢？生活中有很多时候，人们会把虚妄的东西误以为真实，而把真实的东西抛在脑后。“六根清净方为道”中的“道”谐音是“稻”，强调心无旁骛，一心一意才能达成目标，实现心中的理想和追求。“退步原来是向前”是诗眼，也是点睛之笔，告诫人们看似后退，实则是前进。生活并非是急匆匆地向前冲，以退为进，也是一种生活方式。

初读这首小诗，不由自主地想起儿时上体育课时的情景，望着远处的沙池，准备开始跳远。我们总是要后退几步，再向前努力奔跑，这样才能跳得更远。倘若不后退，直接向前跑去，往往成绩并不理想。后退那几步，是为助跑增加力量，也是从内心里给予自己鼓励和信心。所以，退后是为了跳得更远！

退一步，海阔天空；退一步，皆大欢喜。退步是前进的另一种姿态。生活中这样的案例比比皆是。夫妻之间，一个爱看球赛，另一个喜欢追韩剧，只有一台电视机，必然有一个人要做出牺牲。妥协产生和谐，家庭才能和睦。

临渊羡鱼，不如退而结网。"退"的目的是为了积蓄"进"的力量。去一家新开的汽车修理厂保养车子，老板拿来刚刚制作好的宣传单，笑着说："我这还提供维修救援、现场查勘、估损定价和酒后代驾服务，而且全是免费的。"我有点惊讶，怎么都是免费的呢？老板说："我这厂子新开不久，没有知名度，那些免费的服务项目有利于吸引回头客，这样才能留住固定的客户。"

进退之间成就一段美好人生。六尺巷的传说至今闻名遐迩，故事源于桐城境内一桩土地纠纷。康熙年间，大学士张英的府第与吴姓相邻。吴姓盖房欲占张家隙地，双方发生纠纷，告到县衙。因两家都是高官望族，县官欲偏袒相府，但又难以定夺，连称凭相爷做主。相府家人遂驰书京都，张英阅罢，立即批诗寄回，诗曰："千里修书只为墙，让他三尺又何妨。万里长城今犹在，不见当年秦始皇。"家人得诗，旋即拆让三尺，吴姓深为感动，也让出三尺，于是，便形成了一条六尺宽的巷道。因为平等待人、恭谦礼让成就一段历史佳话，为世人敬仰。

退步原来是向前！表面的退未必是真正的退，小退一步可以是为进一大步做准备。只有真正把握住进退的人，任何时候做任何事情都能游刃有余。

为进而退，实则是一种人生智慧！

游记两则

行进在伟人故里

乘动车，转大巴，长途奔波，一路跋涉。下午时分我们一行来到伟大领袖毛主席的故乡——湖南韶山冲。

突然有种神奇的感觉，可能源自对主席的由衷敬仰，刹那间感到莫名的悸动，有种无言的光晕萦绕在我的周围，灵动而又充满生机。我深深地为伟人故居的乡土乡情所折服！那山，那水，那屋后的竹林，那淳朴的民风……

步行至主席家门，“毛泽东同志故居”几个大字首先映入眼帘，那是邓小平同志题字，字体遒劲有力。

真的非常幸运，因为故居下午五点就要关门，而我们到达时正好是四点五十二分。主席的家坐落在半山坡上，坐南朝北，门前有两个大池塘，塘内荷花随风摇曳，煞是一番风景。故居不大，但屋子较多，约有十几间，简洁而宽敞。

来到主席诞生的床前，久久凝视不语，瞬间仿佛看到百年前一个哇哇啼哭的婴儿，他长大后改变了中国的命运。屋内有武警战士值班，立在走廊的一角，严肃而端庄。因为前来游览的人很多，顺着络绎不绝的游客群，从前门入至后门出一共只有几分钟的时间。

我感叹于紧挨故居屋后那一大片拔地而起的竹林，郁郁葱葱，茂密挺拔，如同毛主席一生的性格，刚正不阿，干练、果断、坚毅……

张家界顶有神仙

武陵源中无赝品，张家界顶有神仙！

抵达张家界武陵源景区时，天公不作美，阴沉沉的懒散，似乎不欢迎我们这些远来的游客。待索道缓缓前行，开始下起淅淅沥沥的小雨，才真正体会到什么是"云山雾罩"。

走进山上的贺龙公园，雨下得更大了！巍峨的群山在缥缈的云雾间显得神秘瑰丽。很遗憾，四周什么都看不清，唯有络绎不绝的游客和小摊店主热情地叫卖着。

去十里画廊时，夏雨骤停。漫步在山脚的小路上，聆听导游讲解周边山脉上充满神奇的故事，原来这是亿万年来砂岩风化的结果。看着这片神奇的地方，我惊叹于大自然的鬼斧神工和匠心独具。

翌日清晨，我们来到张家界最著名的景区之一——黄石寨。太阳出来了，大家的心情也一扫阴霾。漫步在这个天然氧吧里，顿时忘却了世间的烦恼。在顶峰六奇阁上，刹那间有"会当凌绝顶，一览众山小"的感觉。三千多个台阶，我们步行而下，等到达山脚时，每个人的双腿都有了蹒跚而行的感觉，幸运的是"坚持到底就是胜利。"

最难忘的还是金鞭溪，两边奇峰峭壁，丹崖翠谷，崔嵬之气，纵横捭阖。难得一见的是山涧清澈的溪流和"无所畏惧"的野猴群，实乃喧嚣城外的净土和乐园。

金山寺

曾去过镇江两次，都是七八年前的事了。每次来这个城市，倘若时间空闲，金山寺是必然到访的景点。人们常说，不到长城非好汉。长城是中国的名片，而金山寺算是镇江的城市名片吧。

小时候就听说过法海和白娘子的故事，水漫金山寺的传奇神话，这在民间也是家喻户晓了。

带着这种好奇和向往，再访金山寺，算起来这已是我第三次拜谒宝刹，前两次都是走马观花，行色匆匆，没有太多记忆，而这一次是我印象最深的一次。

暖阳冬日，车行十来分钟，就到了山门，偌大的门楣上书写“金山”二字，说是山门其实就在马路边。镇江城市不大，像娇小玲珑的江南女子，袅袅娜娜，亭亭玉立。

原来金山在清朝乾隆时期还是江中的一座孤岛，到了道光年间，因为泥沙淤积，才与陆地连成一片，有了今天的场景。难怪传说中有“水漫金山”一说，可能因为原来是小岛，江水上涨才会淹没。

步入山门前行数十米，一座坐东面西的寺庙侧影映入眼帘。走近一看，康熙题字的“江天禅寺”烫金匾额高悬其上，这便是大名鼎鼎的金山寺了。原来这里面还有个典故，金山寺建于东晋时期，距今已有一千六百多年的历史了，一直坐落于江中的一个孤岛上。到了清朝初年，康熙皇帝下江南，船行到此，看江天一线，气势磅礴，高兴之余挥毫泼墨，赐名“江天禅寺”。

因为曾经是皇家寺院，所以整个庙宇辉煌大气，廊腰缦回，檐牙高啄，各抱地势，钩心斗角。黄色的琉璃瓦上蹲着一排神兽，在午后的斜阳普照下熠熠生辉，金光闪闪。

殿门前左右一副对联甚是醒目，“东晋第一名刹，水陆法会祖庭”。两句话点明了寺庙的历史背景和地位，这里竟然是佛家水陆法会的发源地。走入前殿，见左右金刚林立，三位菩萨端坐其中。绕行其后，有一韦陀菩萨手持金刚杵，那杵尖下立，表明云游僧人来此，留吃不留宿。导游介绍倘若韦陀菩萨手中的金刚杵平放，则代表这个寺庙既留外来僧人吃又可让其留宿。假如菩萨把金刚杵扛在肩上，就表明这座庙宇不留吃住。

穿过前殿，看见气势恢宏的庙宇正殿，拾级而上，导游兴致勃勃地介绍左右两个圆形窗户的故事，左边是有关岳飞与金山寺老方丈的一段对话；右边则是关于梁武帝萧衍小儿子的故事。这两个窗户的独特之处在于，普通寺庙大殿里很少有这样的布局。步入大殿，首先映入眼帘的是释迦牟尼佛，左侧是阿弥陀佛，右侧是药师佛，佛祖坐像高大伟岸，外表由纯金筑成，其后是独占鳌头的观世音菩萨。

正殿后就是法海洞了，据传法海是唐朝的和尚，出身官宦世家，自幼礼佛，后在金山寺出家，成为得道高僧。后人热议的水漫金山寺中有关法海、许仙和白娘子的恩怨情仇恐怕是张冠李戴了，因为许仙是明代杭州人。其实有无此人也无从考证，只是民间传说罢了。

世事变迁，金山寺风采依旧。我想，无论在尘世间还是在空门里，心怀菩提之心，便是大美之人生。

初冬走过京口

暖阳冬日，车行北固山。一路上，热情的小巴司机不停地跟我们介绍关于镇江的城市信息。镇江古称京口，最著名的景点莫过于“三山”，即金山、北固山和焦山。这是坐落在长江和京杭大运河交汇处的一个小城。

这三座山也很有代表性，金山是寺裹山，江天禅寺坐落在整个山上；北固山是寺冠山，山上有甘露寺和北固楼；焦山则是山包寺，有一寺庙坐落山脚之下，此山也是三山之间最高的一座，海拔77米。

因为小时候学过南宋抗金名将辛弃疾的两首词，我们对北固山仰慕已久，真正走近，才发现名曰是山，其实就是江边的一座土丘，海拔仅58米。

走到园区的入口，首先看到辛弃疾的一首词，突然有一种热血沸腾的感觉！

南乡子·登京口北固亭有怀

何处望神州？满眼风光北固楼。

千古兴亡多少事？悠悠。不尽长江滚滚流。

年少万兜鍪，坐断东南战未休。

天下英雄谁敌手？曹刘。生子当如孙仲谋。

沿着一条石阶小径向上前行，两边游人稀稀落落，三三两两，伴随午后的斜阳，有一丝萧瑟和寂寥。两边的灌木丛生，槭树叶艳丽如血，同行人把它误以为枫叶，导游说很多游客来玩时都会认错，两者在叶子的颜色上确实非常相似，如果要赏枫叶，秋日去南京的栖霞山是最好的选择。除了红色的槭树叶外，还有不知名的黄色，整棵树的树叶都是金黄色，却不是那种枯叶，煞是漂亮。林间夹杂着灌木丛的绿，相得益彰！

北固山主打三国牌，山上的甘露寺据说是刘备与孙权的妹妹相亲的地方。进入甘露寺前要经过一个长廊，长廊的尽头是南朝梁武帝萧衍的题词："天下第一江山。"这个题词也很有些意思，左边三个字是宋朝书法家的墨宝，镌刻在石碑上，右边三个字却是清朝名家慕名的临摹，撰写在水泥碑上，两者之间有一条明显的分界线。造成一句话两个朝代的原因在于，书法家的原作石碑后半截在岁月里湮灭不复记忆，所以后人凭借对宋人书法的想象完成。

让我奇怪的是这么一个不高的山丘怎么就被称作"天下第一江山"了呢？可能是那时南朝的疆域面积不大，抑或是梁武帝登高望远，看滚滚长江天际流，兴致大发吧！

穿过甘露寺就是高高的北固楼，这里是北固山的制高点。仔细观察可以看出，这是新建不久的景点，全木质结构，三层楼宇，类似亭台，毛主席题词"北固楼"三字牌匾悬挂其上，这里是北固山的制高点。

登临送目，看江水滔滔，浪花滚滚，想起王安石的一首诗。

泊船瓜洲

京口瓜洲一水间，
钟山只隔数重山。
春风又绿江南岸，
明月何时照我还。

瓜洲就是今天的扬州，在北固楼的正北面，与京口隔江相望。今天有润扬大桥将两地连接在一起。

站在北固楼的顶部，不自觉又想起辛弃疾的名词。

永遇乐·京口北固亭怀古

千古江山，英雄无觅孙仲谋处。
舞榭歌台，风流总被雨打风吹去。
斜阳草树，寻常巷陌，人道寄奴曾住。
想当年，金戈铁马，气吞万里如虎。
元嘉草草，封狼居胥，赢得仓皇北顾。
四十三年，望中犹记，烽火扬州路。
可堪回首，佛狸祠下，一片神鸦社鼓。
凭谁问：廉颇老矣，尚能饭否？

可惜北固亭受战火侵袭，年代久远，不复存在。那一刻，眼前浮现出这样一个画面，一千多年前的南宋，一个花甲老人拄着拐杖望着北方的中原，眼中充满着收复故土的希冀，但面对现实却无奈和悲凉。

时代在变，今天的京口繁花似锦，北固山已是镇江的风景名胜、城市发展的名片。

追古思今，珍惜拥有，期待明天更加美好！

后　记

人是要有梦想的

人是要有梦想的！

梦想是什么？它是一个人在梦中的大胆想象，也是一个美好的追求和愿望。一个人拥有梦想，才会有真正意义上的生活。

教育人有教育梦。教育部前部长袁贵仁说："有教无类、因材施教、终身学习、人人成才，就是中国教育梦。"追寻教育的梦想，是笔者几十年来始终如一的坚持。教育是培养人的事业！人的发展是教育的出发点和归宿。我的教育梦想是孩子健康快乐学习，一生幸福无忧。他们在如花的岁月里，能够与大自然有更多亲近的机会，做自己感兴趣的事情。真正好的教育，应该让孩子们的负担更少一些，压力更小一些，睡眠更多一些，身体更好一些，学习更主动一些，实现知识、能力、素养与生命的共鸣。

开学伊始，一则新闻报道吸引了我的注意。题目是《你的书包，让你走得好缓慢》。望着孩子们日渐沉重的书包和不堪重负的课外作业，我常常扪心自问，这是怎么了？现在有的中学生除了书包之外，甚至还配有一个手提袋，以减轻书包的压力，实现了“肩背手拎，全副武装”。教育“减负”不妨从书包“减重”开始，切实减轻学生过重的课业负担不能只是一句口号。我们的教育在关注学生学业成功的同时，更要关注他们身心健康的生命成长。

有人说，教育的过程就是一个不完美的人引领着另一个或一群不完美的人追求完美的过程。教育是一门遗憾的艺术。每一个学生只享有一次中小学时代的教育，任何一个微小的教育失误都可能会产生蝴蝶效应，教育的责任就是尽可能去减少这种人为的失误。

教育梦想实现需要学校、家庭和社会三方面的协同配合。今天的教育，要培养具有家国情怀、责任担当、独立思考和意志坚强的人。追求幸福的教育，就是让孩子们享受学习的过程，淡化对结果的焦虑，因为每一个孩子都是独一无二的存在。

教育是使人确立信仰的活动。教育对人不仅意味着外在的使命，还包括内在的觉醒。钱理群先生说：“想大问题，做小事情。”“想大问题”就是要有“为天地立心，为生民立命，为往圣继绝学，为万世开太平”的博大情怀，正视当代教育的生存问题，寻找这个时代教育的出路。但在另一方面，我们要有所行动，从小事入手，一点点改变课堂、改变学校、改变教育。

《追寻教育的梦想》这本教育随笔集即将付梓，此刻内心充满了感动。本书记录了我过去二十多年来思考和写作的心路历程，也是对教育事业和教研工作的总结。很多时候，看到一种教育现象，读到一个教育案例，听到一个教育故事，突然之间，怦然心动，忍不住要写点东西，发表一下自己的看法和感怀。最初，或许还有“任务”在身，希望全区的老师们都能养成写作的好习惯。自己担任教研室主任，有必要身先士卒，率先垂范，正所谓“己所不欲，勿施于人”。慢慢地，写作就变成了一种自发的行为。写东西就像逛公园一样，也是一种乐趣。用恰当的语言来表达的所见所闻，并用文字体现出来，有一种难以言表的成就感。

林清玄先生说："人不是向外奔走才是旅行，静静坐着思维也是旅行，凡是探索、追寻、触及那些不可知的情境，不论是风土的，或是心灵的，都是一种旅行。"

人生就是一场旅行，人生也从来就不孤单。一个人能做自己喜欢做的事情，写一点自己心仪的小文字，倘若这文字还能影响或打动到身边的人，就已经十分满足了。

最后，特别感谢湖南师范大学教育学院院长刘铁芳教授为本书作序，感谢我的同行杨红、马琳琳、郑丹和曹刚等老师提出的宝贵建议，感谢安徽师范大学出版社编辑的辛苦付出，让这些散落的文字得以"温暖"地呈现出来。

傅　京

2020年10月20日